MAURICE TALMEYR

La Fin d'une Société

LES MAISONS D'ILLUSION

PARIS
SOCIÉTÉ D'ÉDITION ET DE PUBLICATIONS
Librairie Félix JUVEN
122, RUE RÉAUMUR, 122

LA FIN D'UNE SOCIÉTÉ

LES MAISONS D'ILLUSION

DU MÊME AUTEUR

Études et Tableaux contemporains :

Sur le Banc (études et physionomies criminelles), 3 vol.

Les Possédés de la Morphine, 1 vol.

La Cité du Sang (couronné par l'Académie française), 1 vol.

Sur le Turf, 1 vol.

Tous droits de reproduction et de traduction réservés pour tous pays.

Published 15 november 1906. Privilege of copyright in the U. S. A. reserved under the act approved March 3 1905 by Société d'Édition et de Publications, *Paris.*

AVANT-PROPOS

Sans bruit, et sans que personne y prenne garde, il s'opère, depuis quelque temps, une révolution aussi grave que peu remarquée. Son résultat, si on ne la conjure pas, sera notre destruction rapide et secrète, par l'empoisonnement physique et moral de nos sources vives.

A la suite d'un rapport municipal qui aurait pu rester un paradoxe comme un autre, mais qui a pris, par ses suites, un caractère de méfait, l'Administration a porté récemment à la santé comme à la moralité publiques le plus rude coup qu'elles aient encore pu recevoir. On a remplacé, en fait, l'ancien Service des Mœurs plus ou moins imparfait, par un autre service forcément destiné à devenir l'organisation avouée et méthodique de la débauche. A l'ancien régime, qui n'était pas sans défauts, mais qui avait ses raisons d'être, on a substitué un régime nouveau, dit de *neutralité morale*, et qui est un véritable crime ou une véritable folie.

La Loi et la Morale sont évidemment deux choses distinctes, et la première n'a pas toujours à atteindre les actes interdits par la seconde. Mais soutenir que certaines lois ou certains règlements ne doivent pas au moins s'inspirer de la Morale, qu'ils doivent être établis absolument en dehors d'elle, et comme si elle n'existait pas, c'est de l'aberration pure ou de la malfaisance déterminée, et cette malfaisance ou cette aberration sévissent maintenant chez nous.

C'est contre ce nouveau et monstrueux régime, contre cette *neutralité morale* en fait de mœurs, contre cette organisation administrative d'un retour à la sauvagerie, qu'est dirigée cette enquête, et son but pratique et précis est la suppression même des Maisons de Rendez-vous, non seulement tolérées, mais encouragées, et qui seront bientôt répandues comme une lèpre. Pour être quelquefois pittoresque, cette lecture n'en sera pas moins souvent pénible, mais elle ne sera pas inutile. Comme observations, conversations, réponses des intéressés, faits, récits, anecdotes, opinions et physionomies pouvant servir à nous informer, tout, au point de vue de l'ensemble, et d'une façon générale, est rigoureusement exact, ou scrupuleusement rapporté. On n'avertit bien qu'en montrant. Mais tout est présenté, en même temps, de façon à dérouter sur les lieux et sur les personnes. La désignation d'un quartier ou d'une rue, un détail de situation ou de famille ne pourront donc jamais, par conséquent, ni mettre sur la voie d'un secret, ni servir d'indication scandaleuse.

Je dénonce une calamité, non des individus, et si je réclame la suppression de certains lieux, ce n'est pas, on le pense bien, pour y conduire !

M. T.

LA FIN D'UNE SOCIÉTÉ

LES MAISONS D'ILLUSION

> Popularisons le vice dans les multitudes. Qu'elles le respirent par les cinq sens, qu'elles le boivent, qu'elles s'en saturent! Faites des cœurs vicieux, et vous n'aurez plus de catholiques. Le Catholicisme n'a pas plus peur d'un stylet bien acéré que les monarchies, mais ces deux bases de l'ordre social peuvent crouler sous la corruption. Ne nous lassons donc jamais de corrompre...
>
> (*Lettre de* Vindice *à* Nubius.)

CHAPITRE PREMIER

COMMENT J'AI FAIT CETTE ENQUÊTE

J'ai quelque peu connu le terrible Puibaraud, le fameux directeur général des Recherches. Après une vie où il n'avait guère pris de repos, et n'en avait guère laissé aux autres, il repose maintenant à Nontron, son pays, et l'un des plus jolis du monde... Ayant à me documenter sur les gens de courses, j'allais quelquefois le voir à la Préfecture, et j'en revenais toujours copieusement approvisionné de faits, d'historiettes et de renseignements. Puibaraud n'a pas laissé que de bons souvenirs à tout le monde, et ne le pouvait guère, mais c'était un homme très fin, et d'une intelligence très vive. Il aurait pu, en des temps moins maudits, rendre les plus grands services. C'était aussi un lettré. Il a laissé un volume des plus curieux : *Les Malfaiteurs de profession*. Vous ne rencontriez guère de causeur plus instructif, ni plus supérieurement amusant.

L'ordre, au fond, et par conséquent l'ordre moral, reste toujours la dévotion secrète du policier, même lorsque le Gouvernement ne les représente plus lui-même, et Puibaraud me renseignait avec une joie intime et satirique sur les métiers de coquins et les notabilités véreuses dont pullulent les hippodromes. Il semblait éprouver comme une satisfaction d'ironique justicier, à mettre ainsi à nu sans pitié tout ce monde du turf. Il extrayait même volontiers de ses tiroirs, pour les étaler devant moi, certaines photographies curieusement édifiantes, certains vieux souvenirs anthropométriques laissés parfois dans les cartons de l'Administration par tel ou tel habitué connu du pesage, et s'amusait follement des figures avachies que faisaient ces représentants du sport et du boulevard sur ces petits documents administratifs, où leur col sans cravate et le gros numéro marqué sur leur poitrine ne leur donnaient rien de caracolant.

— Le reconnaissez-vous ? me demandait-il en prenant tout à coup un portrait-carte qu'il me mettait sous le nez en riant.

— Non.

— Mais si... Mais si... Regardez bien, et vous *le* reconnaîtrez...

Alors, dans un œil atone, un coin de lèvre affreusement flasque, un air d'épouvante qui demandait grâce, je finissais, en regardant bien, par retrouver en effet, sous tout cet effarement, le faciès à la mode d'un de ces nombreux « hommes du jour » qui, on ne sait comment ni pourquoi, font un peu la loi en tout. Je l'avais même encore quelquefois rencontré la veille ou l'avant-veille, distribuant ses petits saluts protecteurs, et mettant sens dessus dessous, pour une omelette trop cuite, tout le personnel d'un restaurant. Comment penser encore, en le voyant si impertinent, à l'aventure qui l'avait si fâcheusement amené, une dizaine d'années plus tôt, la moustache un peu basse et la chemise un peu défaite, sous l'objectif de la « mensuration » ?

Avec le sourire clos qu'il avait souvent, et qui alternait chez lui avec un rire large dans sa figure un peu rouge de vieil officier en retraite, Puibaraud avait ainsi placé une fois devant moi deux photographies, et, les mettant bien l'une à côté de l'autre :

— Tenez, me disait-il, comparez-moi ces deux physionomies.... D'abord, celle-ci... Ah ! cette figure... Terrible, hallucinante !... Les yeux ont l'air de vous dévorer, et la mâchoire, évidemment, ne doit jamais lâcher ce qu'elle tient. Mais quelle puissance dans la tête ! Et quel front magnifique ! Comme l'œil vous regarde bien ! Il ne fléchit pas, cet œil là... Et tout ce visage rasé dont rien ne vous échappe, et où tous les détails sont d'une énergie farouche... Positivement, c'est une belle tête... On dirait la tête d'un maréchal du premier Empire.

— Qui est-ce ?

— C'est Brière, l'effroyable assassin qui a massacré tous ses enfants... Et il les a bien tous assassinés, le misérable ! Seulement, il ne l'avouera jamais. Sa tête coupée le nierait encore ! On n'a qu'à le regarder pour s'en convaincre. C'est la tête d'un homme qui ne se rendra jamais. C'est un scélérat, mais c'est un homme... Tenez, vous pouvez prendre la carte... Elle est curieuse, je vous la donne...

Puis, il me montrait l'autre carte.

— Maintenant, ajoutait-il, voyez-moi donc un peu celle-là !

Ici, je poussais une exclamation :

— Tiens !... Mais c'est Un Tel...

— Mais parfaitement... L'affaire des... Voyons, vous ne vous rappelez donc pas ? Il se terre, en ce moment-ci, dans un petit village de Seine-et-Marne. Il y est au vert, comme les chevaux de courses à propos desquels il y a eu des accrocs, et qu'on envoie se faire oublier en province, avant de recommencer sur eux de nouveaux coups... Mais le gaillard nous reviendra, soyez tranquille. Nous le reverrons. Il reviendra prendre un petit bout de rôle dans quelque chose un de ces jours-ci, et nous reverrons même aussi les journaux lui faire encore de la réclame... En attendant, seulement, regardez-moi la figure qu'il a là-dessus!... Quel effondrement! Tombe-t-il assez dans ses bottes!... J'aime mieux Brière. Il est moins vil!... Dans l'assassin, il y a encore quelque chose.. Le boulevardier, c'est une loque!

— Et vous me donnez aussi cette carte-là?

Il riait alors de son rire large :

— Ah ! mais non, pas celle-là!... Celle-là, je ne vous la donne pas... Celle-là, jamais !

— C'est que ce serait si curieux lorsqu'on le verra reparaître!

— Mais c'est bien justement parce qu'on le verra reparaître que je ne vous en fais pas cadeau... C'est parce que ces canailles-là reparaissent toujours !

— Alors, je reviendrai encore vous voir à ce moment-là, et vous me remontrerez encore son portrait ?

Il riait de nouveau, mais de son rire clos, et me répondait :

— C'est ça... C'est entendu...

Une autre fois, il me montrait deux portraits de femme :

— Tenez, me faisait-il remarquer, vous voyez bien ces deux figures ?... Qui est-ce qui pourrait se douter que c'est la même personne ? Eh ! bien, c'est cependant la même, et la même à un an de distance. Dans le premier portrait, seulement, elle est chez elle, dans son pays, dans sa famille, et vous la voyez fraîche, jeune, mince, jolie. Elle a l'air honnête et heureux... Dans le second, elle est venue à Paris, elle y a fait la vie, et ne représente plus qu'un monstre de laideur, de dégradation et de méchanceté. Elle est ridée, vieille, flétrie, elle n'a plus ni cils ni cheveux, elle a la figure rongée, elle est en guenilles, elle n'a plus de dents, et on dirait qu'elle veut vous mordre... Voilà un an de vie de Paris...

Une autre fois encore, il allait au tiroir d'un meuble vitré, y remuait des photographies, et m'en apportait encore deux, l'une petite, sale, avec des inscriptions à la plume, l'autre de grand format, recouverte d'un papier de soie. Puis, me présentant la petite, pendant qu'il cachait la grande :

— Voyez...

Cette fois, je poussais un cri, et il y avait de quoi... Une fille en cheveux. Très jeune, pas laide, mais d'une expression de physionomie ignoble, en mauvais caraco, et photographiée les mains en l'air parce qu'elles constituaient un signe particulier, à cause de leur taille phénoménale, et de ce qu'elles avaient d'énorme et d'effroyable.

— Mais quel est ce monstre ?

— Une pierreuse arrêtée chez un marchand de vins à l'occasion d'un assassinat, et contre laquelle il n'y avait pas d'ailleurs de charge... A présent, regardez-moi ça...

Et il me présentait le second portrait : une jolie femme de trente à trente-cinq ans, très élégante, en costume sobre, et qui donnait l'idée d'une femme du monde attendant des visites dans son salon.

— Eh bien ? demandai-je.

— Eh bien ! c'est la même !

— Comment ! la même ?... Mais ses mains ?

— Vous ne voyez donc pas qu'elle a ses gants ?

— Tiens !... C'est vrai... Et qui est-elle ?

— La maîtresse d'un souverain... Hôtel, chevaux, laquais, voitures, deux cent mille francs par an, et un salon où l'on va !... *Et elle se tient bien. . Il n'y a plus rien à dire sur elle...* Elle a même cette intelligence-là... Seulement, elle ne quitte jamais ses gants...

Dès qu'il philosophait ou se lançait ainsi dans les anecdotes, Puibaraud ne s'arrêtait plus, et le détail pittoresque l'amusait toujours prodigieusement, même au désavantage de ses amis. Waldeck-Rousseau, paraît-il, quand on dinaît chez lui, se baignait les yeux à table, en les plongeant dans des œillères qu'il se faisait apporter sur un plateau, à la fin du repas. Puibaraud avait beau être le plus fervent admirateur de son premier ministre, cette extraordinaire habitude de se baigner les yeux dans des œillères devant ses invités, à la fin du dîner ou du déjeuner, le divertissait énormément. Il la mimait avec une joie de rapin, et se levait ensuite de son fauteuil pour en rire plus à son aise, en marchant de long en large dans son bureau. Ah! les murs de ce bureau!

Comment personne n'avait-il eu l'idée de les faire tapisser en secret avec des plaques de phonographe ? Quelles séances on pourrait donner, et quels mémoires les vaudraient ! Le policier, chez Puibaraud, se compliquait, en effet, du dilettante, l'un documentait l'autre, ils se doublaient, se multipliaient l'un par l'autre, et il me disait un jour, en remettant un paquet de « mensurés » dans un tiroir :

— Savez-vous ce qu'il y aurait, en ce moment, de plus intéressant à étudier ?

— Non.

— Ce sont les maisons de rendez-vous.

— Oh !

— Parfaitement.

— Mais c'est de la pornographie !

— Par un côté, évidemment, et il faudrait laisser ce côté-là... Mais elles en ont aussi un autre. Elles représentent, positivement, toute une nouvelle orientation de la moralité, ou plutôt de l'immoralité publique. C'est une révolution dans des conditions plutôt tristes, et assez peu rassurantes, mais enfin c'est une révolution. Il y a là un sujet social... Oui, un sujet social... Allez-vous beaucoup dans le monde ?

— Jamais !

— Vous ne devez guère connaître, en ce cas, les figures qu'on y rencontre ?

— Je ne connais personne !

— Alors... Attendez...

Il sonnait en même temps le garçon de bureau, lui ordonnait d'aller chercher M. X..., et M. X..., un personnage à l'œil noir, à physionomie de bureaucrate, et coiffé d'une petite calotte qu'il ôtait en se présentant, arrivait cinq ou six minutes après. Puibaraud lui parlait à l'oreille. Puis, M. X... ressortait, et revenait, au bout de cinq ou six autres minutes, avec un dossier en main, une chemise-bull de petit format, qui paraissait presque vide.

Pendant le petit quart d'heure occupé par ces allées et venues, Puibaraud avait surtout paru tenir à ne pas déflorer la surprise qu'il me réservait. En voyant rentrer M. X... avec son dossier, il le lui prenait, l'ouvrait, avait bien soin de m'en cacher l'inscription, en retirait une grande carte-album, et me la montrait, en me demandant :

— Vous ne connaissez pas la personne ?
— Non...
— Regardez-la...

C'était la photographie d'une jeune femme en toilette de bal, très jolie, paraissant brune, l'air aristocratique, avec une aigrette et une rivière de diamants. Elle laissait, d'une main, retomber son éventail, au bout d'un bras magnifique, tout en posant l'autre sur une balustrade qui se profilait en silhouette sur un fond simulant un parc, et Puibaraud continuait, en recachant le portrait.

— Mondaine authentique... Tout ce qu'il y a de plus du monde... Pas déclassée, jamais de scandale, recevant beaucoup... Très intelligente, *très intellectuelle*, très artiste... Sans passion, sans vice, mais n'ayant plus, sous les idées qu'elle est obligée de paraître avoir, aucune moralité... *A morale* ! Alors, elle *fait des affaires*, car on appelle ça maintenant *faire des affaires*, avec les grandes proxénètes, et l'*affaire*, avec elle, coûte dix mille francs... Ça les vaut... Elle en fait par an trois ou quatre... Rarement davantage... Deux mille francs pour la proxénète, huit mille francs pour elle... Une moyenne de vingt-cinq à trente mille francs par an... Juste ce qui lui manque dans son budget... Ça le lui boucle, et elle peut, de cette façon-là, ne pas toucher à sa fortune... Ça vous surprend ?

— Ma foi, oui...

Et il replaçait vite la photographie dans le

dossier, où il me semblait remarquer aussi deux ou trois « petits bleus », avec un feuillet paraissant contenir des notes. Il jetait même un coup d'œil sur ces notes avant de refermer la chemise, et riait, en les lisant, de son rire silencieux et clos.

Je lui demandais :

— Pourquoi riez-vous ?

Mais il me répondait :

— Ça, vous ne le saurez pas... Ce serait trop...

Immobile et debout devant la table, sa calotte à la main, sans un mot, sans un geste, M. X..., pendant ce temps là, ne bronchait pas. Seul, son œil noir allait du dossier à son directeur, de son directeur à moi, et retournait ensuite au dossier.

— Tenez, finissait par lui dire Puibaraud en lui rendant la chemise-bull... Remportez.

— C'est tout ce que M. le Directeur avait à me dire ?

— C'est tout.

Et M. X... repartait...

— Eh ! bien, reprenait alors Puibaraud, voilà un cas... La femme du monde comme cette mondaine-là, celle qui n'est ni ouvertement déchue, ni compromise, ni folle, ni vicieuse, ni même, en réalité, immorale, mais *amorale*, en même temps pratique et fastueuse, et qui *fait des affaires*, comme la dernière des filles, pour cet unique motif qu'il lui faudrait se ruiner ou renoncer à son train de maison si elle n'en faisait pas, cette femme du monde-là, j'entends la vraie — les fausses ne comptent pas — cette femme du monde-là est encore heureusement très rare. Mais elle existe, et il est déjà énorme qu'elle existe, même en étant très rare ! Autrefois, elle n'existait pas, ou n'existait pas au moins sous cette forme-là. Le vice, la passion, l'aberration, la prodigalité, la rage du plaisir, l'amant riche qu'on cache, la liaison de rapport dont personne ne se doute, la folie, l'inconséquence, le cynisme, la dépravation, tout cela est vieux comme le monde... Mais la prostitution directe, brutale, tranquille, et par simple esprit de comptabilité, par le sens exclusif du *doit* et de l'*avoir*, et cela dans un milieu respectable, par un besoin d'argent qui ne voit plus que l'argent, ça, c'est nouveau...

— C'est effrayant !

— C'est moderne, et d'une modernité qui gagne, en effet, d'une façon effrayante. La très grande majorité, évidemment, n'en est pas là, mais il y a déjà une minorité, et qui se recrute surtout dans certaines professions, là où précisément il y a souvent peu d'argent, où il faut « paraître », et où le mari fait des absences forcées. On ne se doutera jamais de ce que cette expression *faire des affaires* fait de ravages dans certains mondes, et de la démoralisation qu'elle y sème... Si vous vouliez vous amuser à aller seulement de temps à autre passer une heure dans l'antichambre du service des garnis, vous y rencontreriez quelquefois une petite femme assez jolie, très gentille, très convenable. Un air à lui donner le bon Dieu sans confession ! C'est la femme d'un employé de la Compagnie du ......, mère de famille, vivant dans son ménage, instruite, intelligente, très bien élevée. En un mot, toutes les qualités, et la régularité même. Excellents renseignements chez ses concierges ! Eh ! bien, savez-vous ce que fait cette petite femme-là ? Elle va dans les maisons de rendez-vous, et même dans les maisons inférieures, y fait à l'occasion jusqu'à trois et quatre *affaires* dans la même journée, et tout cela d'accord avec son mari qui est, de son côté, le modèle des employés. Vous la verriez entrer quelque part, et vous causeriez avec elle? Vous diriez : « Quelle honnête petite femme! » Vous verriez le mari dans son bureau, recevant le public, travaillant, et tout entier à sa besogne? Vous diriez : « Quel brave garçon, quel excellent employé! » Vous iriez chez eux, et vous les y verriez ensemble? Vous diriez encore : « Quel joli petit intérieur! » Et, en effet, jamais de bruit, jamais de scandale, rien qui donne l'idée de l'inconduite, ni surtout de l'infamie. La régularité, encore la régularité, toujours la régularité!... Regardez dessous, et vous y voyez ce que je vous dis. Et cette petite femme-là, avec tout ce qu'elle fait déjà, trouve même encore le moyen de venir ici, à l'Administration, nous rendre de menus services... Sentez-vous bien à présent le nouvel esprit, et comprenez-vous bien les maisons de rendez-vous?...

Mais il était tard, il y avait peut-être dans

l'antichambre des personnes attendant le moment de venir rendre de « menus services », et je me levais en demandant à Puibaraud quel jour nous pourrions « recauser ». Alors, il me répondait, un peu soucieux :

— Ce ne sera plus que pour cet automne. Je me sens fatigué, et je vais partir me reposer... La machine, chez moi, ne va plus... Ah ! notre pauvre carcasse !... Mais je serai de retour en octobre, et nous recauserons à ce moment-là... Vous verrez... A cet automne !...

A l'automne, il était mort...

CHAPITRE II

LA PROSTITUTION LÉGITIME

Était-ce bien vrai, et la Maison de rendez-vous était-elle bien un sujet social ?...

Tout en ne mettant pas en doute les anecdotes de Puibaraud, mais en me demandant, en même temps, si elles n'étaient pas que des anecdotes, je m'étais souvent posé la question, et je retournais un jour, pour l'éclaircir, à la Préfecture de Police. Tous les curieux d'études morales, de milieux pittoresques et de dessous sociaux, savent quelle complaisance ils y trouvent pour aider ou orienter leurs recherches... J'y revenais donc avec un plan d'information bien établi et un questionnaire tout prêt.

Que pouvait bien penser, d'abord, dans la question, le successeur même de Puibaraud ? Qu'était, ensuite, *administrativement*, et d'une façon exacte, la Maison de rendez-vous ? Qu'en pensaient, et qu'allaient aussi pouvoir m'en dire certains agents, ou certains fonctionnaires, plus spécialement à même de me renseigner ?

J'avais déjà eu plus d'une surprise dans ce bureau du Directeur Général des Recherches, où il me semblait encore voir le dossier de la mondaine apporté par M. X..., et les photographies de certains de nos « hommes du jour » pêle-mêle avec celle de Brière, dans les tiroirs de l'Anthropométrie, mais je n'avais pas encore eu la plus forte. A la physionomie amusante de Puibaraud succédait, dans le fauteuil directorial, la rude figure de M. Mouquin. C'était la discipline après la fantaisie, et la consigne remplaçant l'historiette. Le nouveau Directeur m'accueillait bien, mais sévèrement, et m'écoutait de même. Puis, comme un fonctionnaire uniquement préoccupé des instructions qu'il a reçues, il me faisait simplement cette déclaration d'ordre général, mais qui me répondait peut-être mieux qu'une réponse directe :

— Monsieur, nous ne connaissons plus la morale. Elle n'existe plus pour nous... Nous ne l'attaquons pas, nous ne la nions pas, mais nous ne la défendons plus... Nous l'ignorons, nous sommes neutres... Si la loi est violée, ou si on contrevient aux règlements, nous sommes là... Mais la morale ? Inconnue !...

Et il me demandait :

— Avez-vous lu le Rapport Turot ?

— Non.

— Eh ! bien, lisez le Rapport Turot. Ce sont les idées nouvelles... Lisez-le, et vous serez au point...

Sur son siège de Directeur, M. Mouquin, comme chef de la Police, avait quelque chose d'inflexible. Il vous donnait l'idée de la statue même de l'ordre, qui sera toujours malgré tout l'un des aspects de la morale, et ce n'était pas une impression banale de voir ainsi la suppression de la morale prononcée sur le ton, avec l'accent, le geste et la rigidité de la morale elle-même. J'essayais encore d'obtenir du nouveau Directeur général une opinion ou une appréciation personnelle, mais il se cantonnait dans les déclarations du fonctionnaire, et consentait seulement à me les expliquer par des exemples. Une femme savait-elle racoler sans en avoir l'air ? Aucun reproche à lui adresser. Racolait-elle maladroitement ? On devait lui faire des remontrances... Pour le surplus, il se bornait à me répéter :

— La morale ?... Nous n'avons plus à nous en inquiéter... La morale, c'est de l'histoire ancienne, c'est du passé... La *neutralité morale*, voilà maintenant ce que nous pratiquons, voilà le nouveau système... Mais lisez le Rapport Turot... Il n'y a rien à faire pour vous tant que vous n'aurez pas lu le Rapport Turot... Lisez le Rapport Turot, lisez-le...

Je sortais, je l'avoue, fortement interdit d'une suppression officielle de la morale aussi absolue en matière de mœurs, puis je me renseignais sur le caractère même de la Maison de rendez-vous, et, sur ce point spécial, j'étais facilement fixé, après un tour dans les bureaux. Elle n'était ni la « Maison de passe », autrement dit l'hôtel garni mal famé, ouvert par destination à la débauche de passage, ni la « Maison publique », signalée par sa porte même, et soumise à une réglementation particulière, mais une maison d'un genre nouveau, dispensée du signe infamant, sans désignation extérieure compromettante, et où venaient seulement, comme dans une sorte de cercle, au lieu des habituées du métier, des femmes de toutes conditions, depuis la professionnelle vulgaire jusqu'à la femme vraiment mariée, ayant famille, enfants et position. C'était bien une mauvaise maison, mais une mauvaise maison libre, et quelque chose comme un externat clandestin dont rien ne devait pouvoir gêner ni les affaires ni le secret, au lieu d'un pensionnat désigné par une enseigne, et régi par des prescriptions de police. Pendant quelques années, les maisons de rendez-vous s'étaient trouvées, pour la plupart, sous le régime d'une demi-réglementation, mais cette demi-réglementation avait elle-même disparu, et la pleine liberté n'avait pas tardé à leur être assurée à toutes, sous la simple réserve de certaines interdictions nécessaires, comme celle de recevoir des mineures, et d'une certaine surveillance courtoise, discrètement exercée par le service des garnis. Deux ou trois ans seulement auparavant, les maisons de rendez-vous n'étaient qu'au nombre de cinq ou six, elles n'existaient qu'à l'état exceptionnel ; mais il y en avait, à présent, plus d'une centaine. Il s'en était ouvert subitement des quantités. La mode y poussait, l'Administration les favorisait, et je recueillais encore, en continuant à m'informer, d'intéressantes indications.

On me disait :

— Jamais la police n'a tenu dans sa main les tenanciers et les tenancières des maisons publiques et des maisons de passe, sur qui elle avait cependant plein pouvoir, comme elle tient les patronnes des maisons de rendez-vous, sur qui elle n'en a aucun. La patronne de la Maison de rendez-vous a beau être ou paraître indépendante, n'être plus régulièrement obligée à rien, elle n'a jamais, à tout ce qu'on lui ordonne, l'ombre d'une objection à faire. L'Administration, d'ailleurs, est toujours pleine d'accommodements et de gentillesses. Jamais de mépris ni de violence! Ce temps-là est passé. De la politesse, des égards, de la considération. Avec cela, nous faisons d'elles tout ce que nous voulons. Elles pourraient légalement nous envoyer promener, mais elles nous obéissent au moindre mot, et arrivent à l'ordre au moindre signe... Nous les tenons comme au bout d'un fil.

Je demandais :

— Mais comment les tient-on d'une façon aussi complète ?

On me répondait :

— Par leur propre intérêt... Le scandale ne peut pas faire de tort aux maisons publiques, mais fait toujours très peur aux maisons de rendez-vous, et c'est ce qui explique toutes les difficultés qu'on a si fréquemment avec les premières, malgré tous les pouvoirs dont on dispose contre elles, et la facilité avec laquelle on tient au contraire les secondes, tout en n'étant armé d'aucune réglementation. Il y a des proxénètes qui font des affaires magnifiques. Elles réalisent des bénéfices considérables, mais à une condition expresse, c'est qu'il n'y ait jamais de bruit chez elles. Elles ont, en hommes comme en femmes, une clientèle éminemment effarouchable, et la moindre affaire, la moindre descente de police, pourraient les ruiner. La descente pourrait être irrégulière, et la Police avoir agi sans droit, la maison n'en aurait pas moins reçu le coup. Tout le monde disparaîtrait, ce serait une fuite générale et la perte d'un gros commerce. Tout le secret de la souplesse de ces dames se trouve donc simplement là. Elles sont toujours dans le cas de perdre ou de conserver une fortune, car il s'agit vraiment quelquefois d'une fortune... Il y en a qui gagnent jusqu'à cent mille francs par an...

Et on me faisait ce portrait piquant de la matrone nouveau style :

— La vulgaire matrone classique a presque disparu. Elle ne sera plus bientôt qu'une légende, et beaucoup de patronnes de maisons de rendez-vous ne sont plus du tout ce qu'on pourrait croire. Il y en a de jeunes et de jolies, très instruites, qui causent très bien, qui ont reçu de l'éducation, qui sont des femmes distinguées, et qui ne sont même pas de mauvaise famille. Aussi, elles demandent des égards ! On en a, et il ne faut pas s'aviser de leur en manquer. Tout dernièrement, un commissaire de police avait convoqué l'une d'elles pour lui faire des observations, et ne lui avait pas parlé respectueusement. C'est un commissaire un peu vieux jeu, et il se croyait encore dans l'ancien temps. Ah ! elle a joliment su lui rappeler que ce temps-là était passé, et avec une autorité qui lui a donné à réfléchir. Elle lui a déclaré qu'elle n'était pas la première venue, et qu'il entendrait parler d'elle... En effet, il a été réprimandé... Une autre, il y a quelque temps, a fait la conquête d'un souverain, par la façon dont elle lui a fait observer qu'elle désirait voir respecter sa maison, et ne pas y entendre de gros mots. Elle lui a demandé tout à coup : « Sire, où croyez-vous être ? » Le roi est resté d'abord interloqué. Ensuite, il a été ravi. A présent il ne revient plus à Paris sans retourner chez elle... En résumé, la patronne de la Maison de rendez-vous, ou tout au moins d'une certaine Maison de rendez-vous, n'est plus du tout ce qu'on appelait la tenancière. Elle n'a plus affaire à la même clientèle, et son personnel de femmes est un personnel comme il faut.

Elle en prend une toute autre idée d'elle-même, elle exige du respect, et l'Administration, tout en la tenant comme elle n'a jamais tenu les tenancières, est la première à lui en accorder. Elle la traite comme une personne qu'on estime, et voit maintenant en elle une femme comme une autre... Mais est-ce que vous n'avez pas lu le Rapport Turot ?... Depuis quelque temps, il est un peu la loi, et il est bon de l'avoir lu...

Je poursuivais mon information, et un autre fonctionnaire, probablement un peu « vieux jeu », me disait avec une certaine ironie :

— Ah ! monsieur... Elle verra de beaux jours, la proxénète, et je ne sais même pas, au fond, si on a encore le droit de l'appeler une proxénète... Elle fréquente des hommes bien élevés, riches, influents, connus, titrés, des gens en place ! Elle voit venir chez elle, pour y *faire des affaires*, certaines femmes qui ont un vrai mari et une vraie position sociale. Et elle ne les a même pas seulement comme clientes, mais comme confidentes et comme amies! Le soir, la maison fermée, ces dames viennent quelquefois lui demander sans façon une tasse de thé. Ajoutez le chiffre de ses recettes, et l'espèce de légitimation comportée aujourd'hui par tout gros gain, uniquement parce qu'il est gros. Notez aussi son luxe, la belle villa qu'elle possède dans l'endroit le plus élégant, son adresse dans le Tout-Paris entre un ambassadeur et une duchesse, les lettres armoriées qu'elle reçoit, son automobile qu'elle entend chauffer à sa porte et qui est une des plus belles de Paris, les politesses de certains vieux cercleux qui lui baisent la main, et le coup de téléphone que lui envoie Mme Y..., dont un journal, à l'instant même, lui racontait le dernier dîner... Oh! on peut aller l'*interviewer*. Elle ne s'en étonnera pas. On a même déjà dû le faire, et si l'*interviewer* ne lui est pas encore venu, elle l'attend. Elle ne sera pas plus surprise d'être consultée sur sa partie que le diplomate, le grand artiste ou le ministre sur la leur !... En somme, d'ailleurs, à l'heure qu'il est, la prostitution n'est plus considérée comme de la prostitution, et le fameux système de la *neutralité morale* nous mènera loin...

Puis, le fonctionnaire me demandait à son tour, mais en souriant :

— Avez-vous lu le Rapport Turot ?... Ah ! il faut lire le Rapport Turot... On ne peut pas ne pas l'avoir lu !... Lisez le Rapport Turot, lisez-le...

Il n'y avait plus, évidemment, qu'à lire le Rapport Turot, et le Rapport Turot, en réalité, en contient trois, le rapport général ou le Rapport Turot proprement dit, d'une tendance néo-païenne violemment accentuée, un premier rapport annexe de M. Milhouard, d'un esprit tout différent, et un second rapport annexe de M. Quentin, d'un caractère plus particulièrement juridique (1). Ces trois rapports réunis constituent, avec les appendices, la relation officielle d'une grande enquête municipale sur la prostitution étudiée à tous ses degrés, dans toutes les capitales de l'Europe, et les enquêteurs municipaux signalent, eux aussi, à Paris, une prostitution de forme nouvelle, où ils trouvent des femmes mariées « appartenant un peu à toutes les situations sociales, des femmes de médecins, des femmes d'avocats, des femmes d'artistes ». L'un des enquêteurs, M. Adrien Milhouard, se demande même « par quelle aberration, une femme *qui tient à passer aux yeux du monde pour*

---

(1) Conseil Municipal de Paris, 1904. Rapports au nom de la 2ᵉ Commission sur la prostitution et la police des mœurs.

irréprochable, *et qui se garderait bien de contracter aucune liaison*, en vient parfois *à demander un peu d'argent dont elle a besoin pour son luxe à une ignominie* jusqu'où elle est bien sûre que les soupçons ne descendront pas ?... » Mais le Rapport Turot n'est pas ainsi qu'un recueil de témoignages, il est en même temps une thèse, et il réclame, comme thèse, l'affranchissement de la prostituée, et la réhabilitation même de son métier.

Tout ce qui peut s'exhumer, non seulement pour l'excuse mais pour la gloire de la débauche, le rapporteur le rappelle et l'étale complaisamment. Il nous la montre « admise et honorée à Babylone, à Chypre, à Lesbos, en Lydie », brillant de « son plus bel éclat sous la civilisation hellénique », et représentant, sous d'autres civilisations, « un état transitoire antérieur au mariage ». Il n'oublie ni Corinthe, « où les courtisanes

étaient les dépositaires du prestige divin »,
ni Venise où elles « entraînaient parfois
avec elles les suffrages de tout un peuple »,
ni la Perse « où les filles publiques ne sont
pas tenues pour déshonnêtes », ni le Japon
où les jeunes filles « amassent quelque bien
dans des maisons closes » pour « convoler
ensuite en justes noces avec des compa-
triotes qui ne nourrissent point à l'égard
du passé de leurs épouses *les sentiments
qu'inspirent nos conceptions occidentales...* »

Ensuite, à ces fresques poussées au rose,
où défilent tous les paradis de passe et tous
les temples de rendez-vous de la légende et
des mythologies, succède la peinture poussée
au noir de tout ce que le Christianisme a
pu suggérer d'atroce contre cette prostitution
divine, qui était si belle, et qui le redevien-
drait si facilement ! Et le rapporteur, en
regard des dots « amassées dans les maisons
closes », ou de l' « état transitoire antérieur

au mariage », nous détaille les « durs châtiments corporels » prescrits contre les prostituées par les empereurs romains convertis à la Religion Chrétienne, « les rigueurs » de Charlemagne, les « maisons de force » mal décorées du nom d' « asiles », les « forbans peu scrupuleux » qu'étaient les officiers de police, les « décrets invraisemblables de dureté » de l'Ancien Régime, et, dans notre temps même, le « délit de racolage », l'inscription, l'« odieuse mise en carte », l' « internement à Saint-Lazare », les « rafles », la « réclusion », « l'avilissement », le « bahut », et tout ce qu'entraîne d'horrible la «réglementation » ! Plus de réglementation, réclame le rapport, et la prostituée libre dans la maison libre ! Il faut, y lit-on un propres termes, qu'elle puisse avoir son « *home* », sa « famille », ses « amis », et « s'occuper de son ménage » ! Elle doit avoir « une vie *pareille à celle des autres femmes* » ! Nul règlement, si doux qu'on l'imagine, ne doit, d'après le Rapport Turot, effaroucher la femme qui peut vouloir venir dans une Maison de rendez-vous « à cause *d'une gêne momentanée, d'une note pressante*, d'un embarras transitoire ».

En lisant ce stupéfiant Rapport officiel où Lesbos, la Lydie, Babylone et Corinthe font jurisprudence, et dont on m'avait parlé dans tous les bureaux, je me rappelais un vieux souvenir... Il y a une trentaine d'années, toute une bonne partie de la presse avait mené une campagne furieuse en faveur d'une certaine dame Z..., arrêtée par les agents des mœurs, mais proclamée « honnête femme » par toute une légion de journaux, et la campagne avait assez étrangement fini. L'un des journalistes-servants de la dame, une fois l'expédition terminée, avait mis ses appointements à ses pieds, et la personne, après s'être fait loger, installer, meubler, nipper par son chevalier, l'avait fait jeter à la porte par son souteneur...

Le jour même où s'ébruitait l'aventure, je dînais chez Victor Hugo, et j'y remarquais en face de moi, à l'autre extrémité de la table, un homme dont la physionomie fortement plébéienne se trouvait soulignée par une cravate blanche et un large plastron de soirée où s'étalait fâcheusement une assez grosse tache de sauce. C'était M. Rousselle, négociant en vins, Vénérable de la Loge l'Enseignement Mutuel, et qui devait devenir, peu après, Président du Conseil Municipal de Paris. Après le dîner, on passait au salon, et M. Rousselle me disait avec chaleur :

— Je suis heureux de voir un journaliste... Tous mes compliments !

— A moi ?...

— Oui, à vous, et pour l'admirable campagne que viennent de faire les journaux à l'occasion de l'affaire Z...!

Je lui éclatais de rire au nez, mais il ne s'en formalisait pas, et me ripostait tranquillement, en se mettant lui-même à rire :

— Ah ! nous la connaissons tous la fin de l'histoire... Elle est drôle... Parbleu, *elle faisait le trottoir*... On le sait bien... Mais justement !... Une femme s'appartient, et doit pouvoir se prostituer... *La Révolution est faite pour ça...*

Trente ans d'avance, le cri du négociant en vins prophétisait déjà le Rapport Turot, le futur esprit administratif, la *Neutralité morale*, et la déclaration du Directeur général des Recherches. Ce qui avait couvé pendant trente ans, et ce qui venait d'éclore, dans un rapport municipal, sous ces évocations antiques ou japonaises, et ces attaques aux « conceptions occidentales », ce n'était pas une réforme plus ou moins justifiée de la police des mœurs, ni un allégement plus.

ou moins juste du sort de la fille, mais l'inscription de son métier parmi les métiers honorables. On mettait sur le même rang, on admettait au même honneur, les bonnes et les mauvaises mœurs. Sous prétexte de ne plus marquer la femme de mauvaise vie du signe qui la distingue des autres femmes, on en marquait toutes les femmes. En proclamant que les prostituées devaient pouvoir être des femmes comme toutes les autres, on proclamait aussi, en réalité, que toutes les femmes devaient pouvoir être des prostituées. A la prostitution tolérée, en un mot, on substituait la prostitution légitime ! Et cette révolution administrative pouvait-elle ne pas coïncider, au moins en partie, avec les faits ? Ne répondait-elle pas à un certain vœu de la décomposition publique, et les anecdotes de Puibaraud n'avaient-elles bien été que des anecdotes, des curiosités de musée secret ?...

Les maisons de rendez-vous un « sujet social »!... En effet, et le « sujet social » ne paraissait plus niable. Mais dans quelle mesure l'était-il ?...

Une mondaine avait son dossier à la Préfecture, avec sa photographie, des lettres et des « petits-bleus » de sa main, et tout le *curriculum* de sa vie galante clandestine, fournis par le proxénète. Était-elle la seule dans son cas ?... Une enquête municipale nous montrait, dans des maisons de débauche libres, des « femmes d'avocats, d'artistes et de médecins ». Combien étaient-elles ?... Combien se trouvaient-elles aussi, celles qui n'auraient pas « contracté une liaison », et qui demandaient de l'argent à une « ignominie jusqu'où les soupçons ne descendent pas » ?... Une jeune femme suit une rue qui donne sur un boulevard. Son allure est irréprochable, et rien n'autoriserait un soupçon. Elle est mariée, mère de famille. Employé dans un ministère, son mari, en ce moment même, est à sa besogne dans son bureau. La jeune femme, cependant, arrive devant une maison, entre, et ressort au bout d'une heure. D'où vient-elle ? De *faire une affaire* ! Combien sont les jeunes femmes comme elle ?... Une automobile s'arrête devant un grand magasin. Une élégante en descend. Elle est seule, jeune, jolie, et le chauffeur va ranger sa machine au stationnement. L'élégante entre dans le magasin, mais ce n'est pas pour y rester. Elle suit l'allée des comptoirs jusqu'à l'une des sorties latérales, ressort, traverse la rue, prend une rue de traverse qui débouche en face, et là, en quelques secondes, se trouve devant un petit hôtel, où elle entre sans sonner. Une heure après, on peut la revoir à l'entrée principale du magasin, reprenant son automobile. D'où vient-elle ? De *faire une af-*

faire !... Combien sont-elles aussi comme elle ?...

C'est ce que pouvait seulement nous laisser entrevoir l'enquête sur place, et dans la place, l'excursion dans les maisons mêmes. Mais il nous fallait prendre, pour la faire, le guide indispensable, et faute de qui nous n'aurions trouvé que des bouches closes, ou entendu que des mensonges, celui sans lequel Sésame ne s'ouvre pas. Nous avons donc réclamé son aide à l'homme de police, et nous l'avons demandé à un retraité, assez autorisé pour faire parler les patronnes, mais assez libre, en même temps, pour pouvoir parler lui-même.

Est-il, ou n'est-il pas vrai que des mondaines et des bourgeoises *fassent des affaires*, et se livrent, sous cet euphémisme, dans des maisons publiques, à l'inconduite au comptant ? Est-il, ou n'est-il pas vrai qu'elles existent, non à l'état d'excentriques ou d'aberrées, mais de démoralisées conscientes, et de précurseurs dans leur genre ? Si elles ne représentent que l'exception et l'aberration, elles sont à plaindre, mais à négliger. Si elles représentaient, par hasard, une certaine femme de demain, et si elles annonçaient, dans la vie, comme le Vénérable-négociant en vin, l'annonçait déjà dans la loi, la prostitution légitime, on n'aurait plus le droit de se taire, et il faudrait jeter le cri d'alarme !...

CHAPITRE III

UNE EXCURSION DANS LA CORINTHE ACTUELLE

Pas de signe infamant sur sa façade, pas de mauvaise apparence. Une maison comme une autre, où tout le monde, homme ou femme, peut entrer sans se compromettre, selon le nouvel esprit administratif : voilà, d'abord, la Maison de rendez-vous. Bourgeoise ou élégante, et généralement dans un beau quartier, dans une rue bien habitée, elle a l'apparence d'un bel immeuble de rapport ou d'un joli hôtel privé. Vous ne serez jamais le voisin d'un mauvais lieu ordinaire sans le savoir, mais vous pourrez vous trouver dix ans porte à porte avec une Maison de rendez-vous sans vous en douter. On n'y fera même pas le bruit que vous ferez chez vous. Certains cartons mystérieux, ou qui ne le sont plus depuis longtemps, vous invitent à des expositions d' « objets d'art ». Mais ces cartons-là proviennent d'industries banales, et la patronne d'une bonne Maison de rendez-vous n'a pas de ces grosses équivoques. Elle vous adresse, sans vous connaître, des invitations beaucoup plus simples : *Mme Z..., tel jour... telle heure... Tasse de thé.* Elle donne même des soirées où tout ce qu'il y a d'hommes titrés, d'anciens préfets et de généraux en retraite dans les grands cercles, est cérémonieusement invité. Elle procède bien aussi quelquefois un peu plus ouvertement, afin de ne pas non plus trop restreindre le champ des *affaires,* mais elle vous prie alors *d'honorer ses salons de votre présence,* et conserve encore au moins un demi-bon ton, ou prend le ton nettement commercial...

Nous sommes chez la J.... C'est encore une fort jolie femme, très brune, un peu grasse, et toute vêtue de dentelles. Elle est dans un petit salon tout en tentures, en tapis, en divans et en coussins Liberty, éclairé en plein jour par des becs électriques entre des combinaisons de vitraux, de transparents et de guipures, et je suis d'abord un peu surpris de la parfaite correction avec laquelle elle nous reçoit, mon guide et moi... Je trouve une femme chez qui les bonnes manières ne semblent même pas sentir l'effort. Ni obséquiosité, ni vulgarité, rien qui choque.

Elle nous montre des fauteuils, et s'installe elle-même dans le sien. Je m'attendais, malgré ce qu'on m'avait dit, à rencontrer une personne un peu déroutée quand même par ma démarche; mais pas du tout. Elle ne s'en étonnait pas, et son air, au contraire, aurait plutôt paru me dire que je n'étais pas le premier à témoigner ainsi un intérêt de sociologue aux affaires de sa maison. Je touchais vraiment là le sentiment très net que la prostitution, en effet, semble bien avoir de son entrée en scène comme élément social respectable. C'était ma première impression.

Avant de me répondre, cependant, la J.... regardait mon compagnon, et lui demandait fort clairement d'un signe des yeux, qu'elle ne dissimulait même pas :

— Dois-je parler ?

Ici, je voyais fonctionner le fil par lequel la police tient la matrone, et c'était ma seconde impression.

Puis, elle hésitait encore un peu. Elle semblait avoir une peur, et sa peur, effectivement, était de parler devant un journaliste, qui pouvait, à son tour, parler dans un journal. Elle ne craignait pas la curiosité du philosophe, du moraliste, de l'économiste ou du romancier, mais celle du journaliste lui donnait le frisson. Là, on pouvait toucher l'effroi du scandale, l'épouvante du bruit, qui planait sur l'établissement, et c'était ma troisième impression.

Enfin, elle se décidait, et ses réponses étaient d'une extrême précision.

Demande :

— Voit-on chez vous d'autres personnes que des professionnelles ?

Réponse :

— Mais les maisons de rendez-vous sont précisément faites pour d'autres personnes que les professionnelles.

— Mais où commence, d'après vous, la non-professionnelle, et jusqu'où la faites-vous aller ?

— Elle commence à la femme entretenue, passe par l'actrice, le mannequin, la femme vivant maritalement, la divorcée, et va jusqu'à la femme mariée, bourgeoise ou femme du monde.

— Alors, il n'y a pas chez vous de professionnelles ?

— Si, mais peu, et je suis même censée ne pas en avoir. Elles ne doivent pas, dans tous les cas, avoir l'air d'en être.

— A quoi jugez-vous qu'elles n'en ont pas l'air ?

— Surtout à leur manière de parler. Je tiens beaucoup, chez moi, à la conversation.

— Et quelles personnes avez-vous principalement ?

— J'ai surtout des demi-mondaines, des actrices, des femmes entretenues, des femmes qui vivent maritalement, des femmes divorcées... J'ai aussi des étrangères de passage...

—Et vous avez même des femmes mariées?

— Oui.

— Des femmes vraiment mariées, non déclassées, ayant un véritable ménage ?

—. Mais parfaitement !

— En nombre considérable ?

— Non.

— Sérieux ?

— Oui, assez.

— Mais qu'appelez-vous sérieux ?

— Environ un dixième... Ainsi, sur vingt personnes, j'aurai deux ou trois professionnelles, une quinzaine de femmes entretenues, actrices, femmes vivant maritalement, et deux ou trois femmes mariées.

— Quelles sont les positions sociales des maris ?

— Les maris, en général, sont des avocats, des médecins, des employés, des fonctionnaires. J'ai également des femmes d'artistes, d'autres d'une certaine aristocratie, et certaines femmes d'ambassades. On voit quelquefois les femmes du monde de ma maison citées dans les fêtes que racontent les journaux... En somme, les femmes mariées de nos maisons appartiennent à des classes où les maris n'ont pas toujours beaucoup d'argent, et dans lesquelles il faut *paraître*.

— Elles viennent toujours chez vous par besoin d'argent?

— *Toujours par besoin d'argent*, les unes parce qu'elles n'en ont pas et parce qu'il leur en faut pour leur ménage, les autres parce qu'elles n'en ont pas assez pour leur luxe. Mais elles viennent toutes uniquement pour faire, comme nous disons, et comme elles disent elles-mêmes, des *affaires*.

— D'après vous, que doivent penser les maris, en voyant ainsi à leurs femmes plus d'argent qu'ils ne leur en donnent?

— Les maris croient à une liaison.

— Comment le savez-vous?

— Par les femmes.

— Ils ne les soupçonnent pas d'aller où elles vont ?

— Non... Il y en a bien quelques-uns... Mais c'est rare.

— Les femmes mariées qui viennent chez vous ont-elles un amant ?

— Non, ou rarement... En général, elles préfèrent justement avoir affaire à nous, parce que c'est plus commode et moins compromettant. Elles ne veulent pas d'une liaison.

— Et il ne se trouve jamais, parmi elles, soit des vicieuses, soit des femmes à tempérament ?

— *Jamais* !... Ces femmes-là ne sont pas pour nous... Elles s'adressent aux amis de leur mari, et ne sortent pas de leur milieu. Ou bien, elles vont dans les maisons publiques.

— Mais comment pouvez-vous savoir qu'elles ne sortent pas de leur milieu?

— Par leurs amis eux-mêmes qui sont aussi les miens... Par ma clientèle masculine.

— Et quelle est votre clientèle masculine?

— Elle me vient surtout des grands cercles... Je n'admets jamais, en fait d'hommes, que ce qu'il y a de mieux comme fortune ou comme aristocratie.

— En dehors de vos rapports *d'affaires* avec vos clientes et vos clients, est-ce que vous n'en avez pas aussi quelquefois d'autres, par exemple des rapports d'amitié ou d'agrément, soit avec votre clientèle féminine, soit avec votre clientèle masculine?

— Mais parfaitement, et certaines de mes clientes, surtout beaucoup de mes clients, sont en même temps mes amis... Les femmes, un peu moins souvent... Mais les hommes presque toujours... Les femmes sont souvent *rosses*, mais les hommes sont toujours charmants.

— Et quel genre de femmes préfèrent généralement ces messieurs ?

— Quelques-uns préfèrent les actrices, mais le plus grand nombre préfèrent les femmes mariées. Presque tous veulent leur femme du monde.

— Et l'avez-vous toujours ?

Ici, un sourire.

— Non, et la femme mariée, chez moi, et chez nous toutes, n'est, le plus souvent, en réalité, qu'une femme entretenue, ou même à la rigueur une professionnelle... Mais nos amis ne s'en doutent pas, et les femmes jouent si bien leur rôle !... Quand la réalité nous manque, nous fournissons l'illusion. Mais nous avons aussi la réalité, et moi, notamment, je suis en mesure de fournir encore assez fréquemment la femme mariée, et même la femme du monde.

— Et quel est, chez vous, le prix de l'*affaire* ?

— Oh ! Il y a de la marge... Le dernier *minimum* est de cent francs. La moyenne est de cinq cents. Mais l'*affaire* va souvent à mille, deux mille et trois mille francs, quelquefois à cinq mille, quelquefois même à dix mille. Elle peut aller, par exception, jusqu'à quarante et cinquante mille.

— Est-ce que vous n'avez pas été soumise à certains règlements de police ?

— Le plus grand nombre des établissements de rendez-vous l'étaient, en effet, il y a encore quelque temps. Mais nous sommes quelques maisons qui avons toujours été complètement dispensées de toute réglementation.

— Combien étiez-vous de ces maisons-là ?

— Je crois que nous étions six ou huit.

— Et pourquoi vous accordait-on cette dispense ?

— Oh ! le contraire aurait été absolument impossible avec notre clientèle.

— A quelle heure reçoivent vos maisons ?

A cette question, nouveau sourire, comme si je ne savais pas ce que savaient tous les honnêtes gens... Puis, elle me répondait :

— L'après-midi... Principalement de quatre à six.

— Jamais le soir ?

— Jamais... Nous n'aurions personne... Presque toutes nos clientes seraient au théâtre, en soirée, ou bien en famille...

Alors, je demandais à la J... :

— Comment, en présence d'un inconnu, d'un homme qu'elle n'a jamais vu, et qu'elle peut compter ne jamais revoir, peut bien se comporter une femme mariée, qui a véritablement une famille et un ménage, et qui n'est pas une déclassée ?

Elle me répondait :

— En général, les premières fois, les bourgeoises se présentent assez mal. Elles sont gauches, empruntées, ou bien elles croient devoir prendre un mauvais ton.

— Et les femmes du monde ?

— Oh ! les femmes du monde, c'est différent... La véritable femme du monde est toujours à la hauteur de toutes les situations !

— Même de cette situation-là ?

— Même de cette situation-là...

Je demandais encore :

— Vous dites avoir chez vous, comme femmes du monde, des femmes d'une certaine aristocratie... Mais de quelle aristocratie ?

A cette question, la J... souriait, hésitait un peu, prenait un air compliqué, et finissait par me répondre :

— Pas positivement l'aristocratie.

— Alors la fausse ?

— Non, pas la fausse ?

— Alors la vraie ?

— Non, pas précisément la vraie non plus.

— Alors, laquelle ?

— Une certaine où il y a des deux...

Je lui demandais aussi :

— Vous avez parlé de femmes du monde citées dans les fêtes racontées par les journaux... De quelles fêtes voulez-vous parler ?

— Mais de certaines fêtes.

— Il ne s'agit pas de fêtes demi-mondaines ?

— Non, pas demi-mondaines.

— Il s'agit bien de fêtes mondaines ?

— Oui, mondaines.

— Mais lesquelles ? Pouvez-vous me citer un exemple ?

Elle se décidait à me répondre :

— Les fêtes de chez X...

Enfin, je lui posais encore cette question :

— Vous avez aussi parlé des grands cercles où vous recrutez en partie votre clientèle masculine ? Quels sont ces grands cercles ?

— Mais c'est le J..., c'est l'A..., c'est l'U..., c'est l'E...

— Et le V...?

Elle se mettait à rire, en poussant une petite exclamation :

— Oh ! le V..., non...! Je ne veux personne du V... Quand un client m'apprend qu'il est du V..., je suis très aimable avec lui, comme je le suis toujours avec tout le monde, mais je lui dis en même temps, tout en étant charmante : « Monsieur, je suis ravie de vous voir, mais quand on est du V..., on n'est pas fait pour chez moi ! »

— Tiens !.. Et pourquoi ?

— Mon Dieu ! Comment vous dire ?... Parce qu'on y est trop économe...

Toutes ces réponses de la J... étaient singulières. Elle y *bluffait*, et ce n'était pas douteux, mais elles coïncidaient presque toutes, soit avec une certaine réalité, soit avec certains faits, sans doute ignorés d'elle, mais qui semblaient venir d'autant plus curieusement à l'appui de ce qu'elle prétendait. Il existe bien, en effet, « une certaine aristocratie », où se retrouvent à la fois la fausse et la vraie, et le nom de X..., pour les relier, ne pouvait pas être mieux choisi. En outre, je connaissais déjà sur le V..., et je le tenais de certains de ses membres, un détail qui en indiquait, effectivement, les habitudes d'économie. Le soir, lorsqu'ils doivent aller au tripot, les membres du V..., avant de s'y rendre, prennent, paraît-il, la précaution de déposer leur portefeuille à la caisse du cercle, et ne conservent au plus que quatre ou cinq louis, afin d'avoir moins d'argent sur eux. Ce serait l'usage de la maison... Sur les grands cercles, d'ailleurs, les gens du monde et l'aristocratie, je questionnais abondamment la J..., et j'étais étonné, non seulement de l'assurance, mais de la minutie de son information. Pour être bien renseigné sur les alliances, les cousinages, les histoires et les petites affaires du grand monde, on pouvait s'adresser à elle. Elle paraissait les savoir sur le bout du doigt, et devait les connaître, si elle les connaissait par ses « amis » de la haute société. Il semblait évident qu'ils causaient, bavardaient, fréquentaient vraiment chez elle, et qu'elle savait bien ainsi plus d'une chose, grâce à eux. Elle devait avoir aussi l'occasion d'entrevoir au Bois, au théâtre, aux fêtes sportives, aux thés, ou chez des couturières communes, certaines femmes dont les noms, grâce à leurs parents, lui étaient déjà familiers, et leurs personnes elles-mêmes, dès lors, ne lui semblaient presque plus étrangères. A force d'entendre le cousin parler de la cousine, ou l'oncle parler de la nièce, elle finissait par en parler un peu elle-même comme si elle les connaissait. Elle savait quand elles partaient pour les eaux, quand elles avaient une vente de charité, leur âge, leurs goûts, et si elles étaient jolies ou non. Qu'il courût la moindre histoire sur elles, et il ne devait plus être question que d'elles dans l'établissement. En somme, *il n'y avait rien*, et ce rien, cependant, était quelque chose. Il y avait comme un pont entre elles et la maison. Il n'y en aurait pas eu dans le cadre d'une débauche plus grossière, mais il y en avait un dans celui de cette maison-là...

En sortant, je demandais à mon cicérone :

— Qui est cette femme ?

Il me répondait :

— C'est une ancienne femme entretenue.

Elle a épousé un commissionnaire en vins, et son mari, pendant qu'elle tient sa maison, voyage de son côté pour son commerce. Elle a, effectivement, une clientèle assez aristocratique, et prétend même avoir la clientèle la plus aristocratique de Paris; mais il faudrait voir... Elle gagne, dans tous les cas, beaucoup d'argent, et son établissement marche très bien. Elle et son mari sont déjà riches. Ils ont une propriété à M..., où personne ne sait ce que fait la femme, et où ils ne vont d'ailleurs que rarement. Ils s'y tiennent sur une très grande réserve. Ils sont très intelligents tous les deux, s'entendent admirablement en affaires, et ils feront certainement une jolie fortune... Maintenant, je vais vous conduire chez la L... C'est un genre un peu différent...

. . . .
. . . .

La L..., en effet, était plus âgée et plus

vulgaire, mais cependant sans mauvaises façons. Elle avait l'air d'une commerçante affairée, aimant à commander, communicative, et se plaisant à vous parler de sa partie. Je lui posai les questions déjà posées à la J..., et ses réponses, à toutes, sauf une certaine prolixité, étaient à peu près les mêmes. Chez elle, comme chez sa concurrente, la professionnelle était plutôt l'exception, et la femme entretenue, l'actrice, la femme vivant maritalement, formaient, au contraire, le gros du bataillon. De même, sur une centaine de femmes, elle disait avoir entre une dizaine et une douzaine de femmes mariées. De même encore, d'après elle, l'unique préoccupation de ces femmes mariées était l'argent, à l'exclusion absolue de tout autre entraînement, et les bonnes manières, une tenue décente, une certaine conversation, étaient exigées de son personnel. Elle me confirmait également, enfin, la supercherie habituelle, et comme fondamentale, de la Maison de rendez-vous, où le client, presque toujours, demandait une femme mariée, où la patronne la lui fournissait toujours, mais où cette femme mariée, neuf fois sur dix, en était une fausse. Sur tous ces points, la L... répondait presque exactement comme la J..., et m'expliquait, en outre, en me faisant remarquer la profusion des tentures de son salon, et les nombreuses cachettes qu'elles dissimulaient, comment une femme, lorsqu'elle se présentait devant un monsieur, s'était déjà assurée, en le regardant au travers d'une portière, ou dans un jeu de glaces, qu'il pourrait ne pas lui déplaire, ou qu'elle ne le connaissait pas... Je lui demandais alors de nous faire assister, d'une cachette, à l'une de ces entrevues; mais il était à peine trois heures, et il n'y avait encore personne. On n'arrivait qu'un peu plus tard, les rencontres intéressantes ne commençaient que vers quatre heures, et elle se mettait, faute de mieux, à en mimer quelques-unes, pour me les faire saisir plus facilement.

D'abord, personne dans le salon. Puis, un monsieur entre .. Il est ganté, et tient son chapeau à la main, car le client, chez la L..., comme chez la J..., est toujours excessivement correct... Ensuite, un froufrou, un bruit de robe sur le tapis... C'est la femme, en toilette de visite. Elle a déjà pu entrevoir le monsieur, s'est décidée, et la voilà... Salutations, sourires, le tout très convenablement :

— Madame...

— Monsieur...

Alors, généralement, le client dit quelque chose comme ceci :

— Madame, on m'avait bien dit que vous étiez jolie, mais je ne me figurais pas...

Ou bien :

— Madame, je suis ravi...

Puis, au bout d'une minute, la patronne entre à son tour, et la présentation est terminée. Elle ne dure jamais plus longtemps, et on devine pourquoi. Tant soit peu prolongée, elle risquerait d'amener une entente directe, et la maison perdrait son bénéfice. Ou bien, au contraire, un refroidissement pourrait se produire, et l'établissement y perdrait encore. Il s'agit donc, à la fois, d'éviter la fraude et « d'enlever l'affaire ». Aussi, à peine en présence, le client et la femme sont-ils tout de suite séparés. La patronne arrive, fait immédiatement ressortir la dame, et demande ensuite au monsieur :

— Eh ! bien, monsieur, madame est-elle à votre goût ?

Et *l'affaire* se traite.

— C'est tant, déclare la patronne.

Grimace du monsieur.

Alors, la patronne rabat, ou bien dit, au contraire :

— C'est impossible à moins...

Quelquefois, le monsieur bat en retraite, et préfère renoncer à la personne, mais toujours courtoisement. Il se dit obligé de partir, rappelé par ses occupations, mais il se déclare quand même ravi, il reviendra, il enverra une dépêche. D'autres fois, en revanche, il a reçu le coup de foudre, et ne cache pas son enthousiasme :

— Ah ! Elle est vraiment bien jolie !

— N'est-ce-pas ?

— Oui, charmante !

— Vous verrez !

— Et c'est bien véritablement une femme mariée ?

— Oui...

C'est très souvent faux, mais on ne le soutient qu'avec plus d'énergie, et moins la femme est mariée, plus on tranquillise le client par les détails qu'on lui donne. On pique sa curiosité en l'excitant à deviner de quelle famille elle est, ou quel quartier elle habite. On lui dit qu'elle est venue de province entre deux trains, pendant un voyage de son mari, et on lui fait chercher le département.

— En somme, concluait assez bien la L..., nous sommes des maisons d'illusion. L'homme bien élevé doit toujours pouvoir trouver chez nous l'illusion de la femme mariée, et la femme mariée celle des égards... Vous ne devez pas avoir entendu parler de la maison de la D... C'est trop ancien, mais c'était une fameuse maison. A la fin, malheureusement, la D... avait tout perdu par ses folies, mais elle avait eu, la première, l'idée du genre, et c'était là que le petit S..., voilà une quinzaine d'années (et la L... nommait ici un jeune archimillionnaire fameux) c'était là que le petit S...

faisait ses farces. Sa manie était de ne vouloir que des grandes dames, la duchesse de X..., la marquise de Z..., la comtesse de Y..., une dizaine ou une douzaine de personnes comme celles-là, et la D... était arrivée à lui faire croire qu'elle pouvait les lui procurer. Elle ne lui demandait que de payer comme on devait payer pour de grandes dames, et l'avait seulement prévenu que les grandes dames n'acceptaient de rendez-vous que dans l'obscurité. Le malheureux petit S... l'avait encore cru, et vous pouvez deviner la suite... Pendant plus d'un an, il était venu à des rendez-vous dans des chambres noires où on lui amenait des créatures à un louis, quand elles n'étaient pas à dix francs, et où il se figurait avoir toutes les plus jolies femmes de l'Armorial. La D..., bien entendu, lui réclamait toujours des prix à faire frémir. A la dernière minute, elle arrivait même lui raconter que Mme de C...

ou Mme de F... réclamaient encore deux ou trois mille francs de plus. Et le malheureux le croyait toujours !... Une année, rien qu'avec lui, elle avait gagné plus de quatre cent mille francs... Eh! bien, on ne doit pas faire de ces choses-là, ajoutait la L... Elles finissent par se savoir, elles font du tort, elles en avaient fait à la D..., et nous avons même beaucoup de chance qu'elles ne nous en aient pas fait davantage à toutes. Mais vous le voyez, c'était bien déjà la maison d'illusion... Seulement, c'était la maison d'illusion poussée trop loin...

Et elle continuait :

— Monsieur, on ne doit jamais faire de métiers malhonnêtes... Ainsi, j'avais d'abord ouvert une agence matrimoniale, mais je m'y rendais, malgré moi, complice de continuelles indélicatesses. Je ne pouvais pas, en effet, ne pas prendre mes précautions, et m'exposer à être la victime de toutes les aventurières et de tous les chevaliers d'industrie à qui j'avais forcément à faire. Je me faisais donc, d'abord, donner des arrhes... Or, neuf fois sur dix, ou bien l'affaire n'aboutissait pas, ou se terminait par une escroquerie. Comment voulez-vous savoir, d'une façon certaine, si la jeune fille ou la veuve qui se dit riche l'est réellement, ou ce qu'est exactement la petite tache? Un galant homme se présente, et vous remet ses arrhes, vous le mettez en rapport avec la personne, et vous apprenez, au bout d'un mois, qu'il a été la dupe d'une honteuse comédie. C'était ce qui m'arrivait constamment... Ou bien, c'était le monsieur qui s'offrait comme étant dans une position brillante. Je le présentais à une charmante femme, et tout paraissait encore aller bien, lorsque j'apprenais un jour qu'un piège épouvantable avait été tendu à ma cliente. J'étais indignée, écœurée... Mais qu'y faire ?... Je ne pouvais pas cependant rendre les arrhes !... A la fin, monsieur, je me suis retirée de ce métier-là. Je m'y faisais l'effet d'une voleuse, et je n'ai plus voulu faire que des *affaires au comptant...* Je n'y tenais plus, j'en avais assez, *et j'ai pris le seul parti honnête, j'ai ouvert une maison de rendez-vous...*

Elle était lancée, et me vantait alors avec emphase l'honnêteté de son établissement, mais me faisait part, en même temps, de ses appréhensions :

— Les Thés, monsieur, me disait-elle d'un ton péremptoire, les Thés *tueront la Maison de rendez-vous,* et ce sera un malheur... Les choses, chez nous, se passent avec toutes les convenances désirables. Nous ne sommes pas les premières venues, et nous savons qui nous recevons. Il y a une présentation, elle se fait par nous, et c'est une garantie. Avez-vous jamais entendu parler d'un crime, d'un vol, d'un scandale, dans une maison de rendez-vous ? Jamais ! Nous veillons trop au bon ton, à la bonne tenue, et nous y avons trop d'intérêt, pour qu'il n'en soit pas ainsi .. Dans les Thés, je le veux bien, il y a beaucoup de femmes qui n'y viennent pas pour *affaires*, mais il y en a aussi beaucoup, et peut-être encore davantage, qui n'y vont pas pour autre chose. Nous le savons bien, nous, puisqu'elles sont souvent nos clientes, et que beaucoup de nos amis n'y vont aussi comme elles, tout en respectant les dehors, que pour y nouer des relations. Quant à présent, tout s'y passe encore à peu près bien. Mais les choses, forcément, en arriveront à s'y gâter. Peu à peu, on s'y relâchera sur la tenue et sur le comme-il-faut de la clientèle. Il y aura encore un certain ordre extérieur, mais il n'y aura plus de contrôle ni de respectabilité, notre garantie n'y sera pas, et les plus graves inconvénients finiront par en résulter... D'autre part, en raison de l'économie ou de l'augmentation du bénéfice, on aura pris l'habitude de faire ses *affaires* au Thé. On hésitera bien d'abord un peu devant ce qu'il y a de peu élégant, et même d'un peu honteux, à débattre soi-même ses intérêts dans certaines situations discrètes, mais on s'y fera, car on se fait toujours à tout, et personne n'est à même de le voir comme nous!... Tout, d'ailleurs, vous le savez, se règle maintenant par la liberté, et je suis pour la liberté, mais la Maison de rendez-vous en souffrira, parce que le Thé sera encore plus libre qu'elle. Nous représenterons une contrainte, un rouage inutile, ou d'apparence inutile, et nous succomberons... Mais, je vous le répète, ce sera un malheur, et vous verrez alors les scandales, les chantages, les aventures, le bruit, les désagréments, les dangers. On se rappellera, à ce moment-là, la discrétion et la sécurité de nos salons, la commodité de notre intermédiaire, et ce qu'il avait, à la fois, de délicat, de rassurant et de facile... On nous regrettera...

. . . .

— Et celle-là, demandais-je à mon guide en nous en allant, qui est-elle ?

— Celle-là, me répondait-il, c'est une ancienne femme de chambre qui a épousé un maître d'hôtel... Ils ont aussi une propriété dans les environs de Paris, une assez belle villa à B..., mais ils ne s'y tiennent pas, comme les autres, sur la réserve. Ils y vont souvent, et y donnent de grandes fêtes, où tout le pays est invité ! L'ancien maître d'hôtel a une apparence de respectabilité extraordinaire, sa femme a l'air d'une bonne femme toute ronde qui est seulement un peu bavarde, et des multitudes de bonnes gens vont là, enchantés d'y aller, sans savoir chez qui ils vont !... On vous fait déposer vos manteaux au vestiaire, on vous distribue des numéros, on s'arrange pour vous faire donner des pourboires, et la L..., ensuite, partage la recette avec ses domestiques, après la soirée ou la matinée....

CHAPITRE IV

SUITE DE L'EXCURSION

Mme de N... (nom de guerre) a son établissement dans une rue voisine de l'Opéra. Elle occupe là tout un grand immeuble, de belle apparence et de construction ancienne. Haute porte cochère, entrée spacieuse, large escalier coupé de nombreux paliers. On voit encore bon nombre de maisons semblables dans certains quartiers de vieille date. Elles ont un premier étage d'aspect grandiose et des étages supérieurs un peu sacrifiés, avec un entresol d'élévation moyenne, et dont la croisée centrale s'encadre dans le haut de la porte cochère. A l'intérieur, des pièces de belles dimensions voisinent avec d'autres beaucoup plus petites, d'autres complètement sombres et des quantités de petits cabinets. Le caractère général est une grande respectabilité, un grand confort dans certaines parties, une complète insouciance d'économiser la place, et une étrange absence de la bonne distribution. On se figure là, sous Louis-Philippe, un président ou un conseiller d'État au premier, un médecin ou un avocat à l'entresol et, dans les dessus, des locataires plus modestes. La de N..., aujourd'hui, loue toute la maison comme locataire principale, se réserve l'entresol, une partie des appartements, et sous-loue le reste en meublé. On croit simplement, en passant devant chez elle, au pied de cette grande porte cochère où sont accrochés des écriteaux, voir un de ces beaux immeubles anciens où se trouvent des garnis de choix, s'annonçant comme tout particulièrement honorables. D'après le quartier, la rue, l'entrée, et les appartements qu'ils présagent, les familles les plus difficiles pourront toujours être tentées de s'adresser là, pour passer, dans une maison respectable, un mois ou six semaines à Paris.

De son vrai nom, la de N... est Mme F..., femme séparée d'un négociant. Elle a trois enfants, deux fils et une fille, élevés dans l'ignorance absolue du métier de leur mère. Les fils sont placés en province, chacun d'un côté différent. La fille est à l'étranger, où elle voyage avec une gouvernante. Les trois enfants ne se voient jamais. Ils ne peuvent donc pas s'interroger sur l'éloignement où ils sont tenus. Au surplus, la de N... a un amant, qui est dans la commission. Comme origine, elle est fille d'ouvriers. Ses parents l'avaient mise « dans la plume », chez un patron qui la forçait à vendre à faux poids. Elle n'a jamais été qu'à l'école primaire, mais a suivi les cours du soir, fait son éducation toute seule, et possède une instruction distinguée. Elle appartient à la classe des « autodidactes ».

— C'est ici, me dit mon guide en s'arrêtant à l'entresol, après avoir passé, au rez-de-chaussée, devant la loge d'une concierge assise derrière un carreau, mais qui ne lève jamais les yeux...

Il sonne, une femme de chambre nous ouvre, et nous nous trouvons dans une antichambre-salon, discrètement éclairée par un bec électrique. Beaucoup de tentures, de rideaux, de portières retenues par leurs embrasses. Un tapis très épais, des fauteuils disséminés, des canapés adossés à la tapisserie et, au fond, sous le bec électrique, près d'un piano ouvert, deux femmes qui causent, gantées et en chapeau. Il fait chaud. L'air manque. Il sent le tabac d'Orient.

Nous traversons ce premier salon, pour passer tout de suite dans un second, plus surchargé encore de portières, de tentures et d'étoffes. Aux fenêtres, des superpositions de rideaux entrecroisés sur le jour, et d'où n'arrive qu'une lumière atténuée. Dans les angles, de larges divans-lits à la turque, éclairés chacun d'une veilleuse électrique, encombrés de coussins et surmontés de draperies en dais, soutenues par des bambous. Un peu partout, des terres cuites galantes, mais d'une galanterie décente. Devant la cheminée, un grand portrait de vieillard sur un chevalet, et, de chaque côté du chevalet, des causeuses et des fauteuils. En somme, le salon genre oriental ou demi-oriental, comme le réalisent, sur commande, les magasins de nouveautés.

La de N..., cependant, ne tarde pas à paraître. Environ quarante ans. Grande, svelte, remuante, fanée, ayant dû être jolie, avec un œil d'un gris froid, un nez volontaire et fin. Jupe noire, corsage blanc et cheveux frisottés d'un blond oxygéné. Elle nous salue correctement, mais d'un salut bref, comme agacé, va d'abord à un petit meuble sur lequel il y a une boîte, et se retourne en nous demandant si nous fumons. Sur notre réponse négative, elle plonge la main dans la boîte, y prend une cigarette, l'allume, nous montre des fauteuils, s'assied, regarde mon compagnon d'un regard qui lui demande ses ordres, puis m'en adresse un autre qui se traduit clairement par cette question :

— Eh bien ?

Au même instant, seulement, elle détourne la tête du côté d'une tenture que vient de soulever une femme de chambre, nous demande brusquement la permission de nous quitter, et ressort vivement.

— Elle est un peu nerveuse, me dit mon guide... Elle l'est souvent...

Mais elle avait déjà reparu, rentrait en coup de vent, rallumait sa cigarette, se ras-

seyait, et, nettement, en femme habituée
à classer ses observations, me répondait
d'abord par toute une série de réponses
qui reproduisaient, presque identiquement,
celles que j'avais déjà entendues ailleurs.
Ensuite, elle revenait sur certaines d'entre
elles, les développait, les retouchait, les
mettait au point, et me disait, après avoir
comme minutieusement pesé d'avance ce
qu'elle voulait dire :

— Le vice pur, monsieur, est excessivement rare chez nous. Il existe bien un peu,
mais très peu. En France, il est presque toujours médiocre, et Messaline, par exemple,
n'a jamais passé chez moi. Je ne connais
pas ça... Ce qui est moins rare, c'est un certain goût de l'amour allant avec l'amour du
gain, mais toujours dans des conditions
bourgeoises. En principe, la démoralisation
de la femme mariée — j'entends de la
femme mariée qui vient ici — se compose,

à proportions à peu près égales, de la perte du préjugé et de la nécessité d'augmenter son budget. Voilà le point de départ... Ensuite, une fois l'habitude prise, et certaines répugnances vaincues, elle éprouve, à l'occasion, un certain plaisir à gagner de l'argent en s'amusant, en même temps que l'indifférence la plus complète, une indifférence incroyable, à la pensée que l'amusement par lequel elle le gagne est un acte de prostitution... Alors, quand un certain goût du plaisir se mêle ainsi à l'*affaire*, la cliente, si le client lui plaît beaucoup, peut consentir à la faire au rabais, et me dit quelquefois, derrière la tenture d'où elle l'observe : « Oh, comme il est gentil ! Je veux bien que ce soit moins cher... » La question de goût, en ce cas, facilite la question d'*affaire* : mais l'*affaire*, au fond, prime toujours, et la question unique, en réalité, n'est jamais que l'argent ! Je suis actuellement en relation avec environ deux cents femmes, et j'ai, dans le nombre, des actrices, des femmes entretenues, des mannequins, des femmes mariées, même des jeunes filles... Or, parmi ces deux cents personnes, je n'en vois pas une seule qui vienne, en ce moment, par vice bien caractérisé. J'en trouve un certain nombre qui recherchent l'*affaire* amusante, et toutes les autres, la grande majorité, n'ont absolument en vue que l'argent... L'argent, l'argent, l'argent ! On s'imagine savoir ce qu'il peut faire faire, mais on ne le sait pas, et il n'y a que nous qui le sachions. Je procure des femmes depuis quatorze ans, et je calcule, dans ces quatorze ans avoir environ procuré trois ou quatre cents femmes mariées de tous les mondes, parmi lesquelles une cinquantaine de jeunes filles... Eh bien ! je n'en finirais pas si je voulais seulement essayer de vous dire le quart de ce que leur a fait faire l'argent! J'ai eu, pendant deux ans, une jeune fille qui s'est régulièrement et froidement vendue pour se constituer une dot. Elle était très ambitieuse la dot n'arrivait pas à atteindre le chiffre qu'elle s'était fixé, et elle avait fini, pour le réaliser, par décider sa mère, qui était encore jolie, à faire aussi des *affaires* de son côté. Voilà un cas !

— Et elle s'est mariée ?

— Parfaitement.

— Un mariage bien ?

— Un mariage très bien !

— Les jeunes filles qui viennent chez vous sont-elles nombreuses ?

— Non, pas du tout !

— Les mères sont-elles dans le secret ?

— Toujours.

— Et les pères ?

— Jamais... Vous permettez ?...

La femme de chambre s'était remontrée à la portière, et la de N... sortait de nouveau, mais revenait encore presque aussitôt, et reprenait, toujours fébrile, en allumant une autre cigarette :

— Je ne tenais, autrefois, qu'un *Bureau de liaisons temporaires*, où je faisais des unions libres pour un, deux, trois ou six mois, toujours payées d'avance, naturellement. Mon local, à ce moment-là, n'était que celui d'une agence, et mes frais, par conséquent, beaucoup moindres, mais les bénéfices également beaucoup plus petits. Bien entendu, si les unions se rompaient avant le terme, la rupture ne me regardait pas, et je n'avais absolument rien à rendre... J'aurais dû rendre trop souvent... En tenant ce bureau, seulement, j'étais considérée dans la maison comme si j'avais tenu un... Vous connaissez le mot... Dispensez-moi de le prononcer... Alors, j'aurais été bien sotte de me gêner. Je n'avais qu'un bureau, j'ai eu des chambres, et voilà comment vous me voyez ici... D'ailleurs, je fais toujours les *liaisons temporaires*, mais je ne les fais plus qu'au mois, et ma moyenne, pour les affaires courantes, pour la simple entrevue, est de cent à cinq cents francs. Au-dessus, les *affaires* deviennent plus rares et, au delà de mille francs, elles sont, chez moi, des *affaires* spéciales. Ainsi, un monsieur a envie d'une femme du monde et n'ose pas s'adresser lui-même à elle. Il vient me trouver, je vois ce qu'il y a à faire, et je réussis, ou je ne réussis pas, mais je réussis généralement. C'est toujours une pure question de prix... Ces affaires-là, seulement, peuvent coûter très cher, et la plus chère que j'aie faite a été de quarante-deux mille francs... Mais j'ai vu aussi des affaires très simples, très ordinaires, des petites affaires à deux et trois cents francs, enlevées en deux minutes, ici même, là où vous êtes, et qui sont devenues des liaisons fort durables, très fidèles, très heureuses, et, ma foi, tout à fait charmantes.

— Est-ce qu'elles ont quelquefois fini par des mariages?

— Mais oui... J'en ai vu cinq ou six finir ainsi...

— Et comment se font les entrevues ? On ne pourrait pas en voir une ?

— Mais si... Pourquoi pas ?... Attendez...

Dix minutes plus tard, nous avions passé dans un cabinet voisin caché derrière une portière, et nous pouvions voir, de là, entrer dans le salon même que nous avions quitté, un monsieur d'une cinquantaine d'années, petit, gros, chauve, ganté, un chapeau rond à la main, avec un *plead* de voyage sur le bras. Il attendait un instant, passait en revue les tentures, les lits turcs, le portrait de vieillard, les terres cuites, et finissait par regarder l'heure à sa montre... Puis, une dame entrait à son tour...

Une trentaine d'années. Assez jolie, mise avec simplicité.

Et le dialogue suivant s'engageait :

— Madame, tous mes hommages.

— Monsieur...

— Je connaissais déjà votre photographie... Mais le modèle, vraiment...

— Oh ! monsieur...

— Mais non, mais non !... Ne vous récriez pas !... Mais si nous nous asseyions...

— Mais si vous voulez, monsieur.

— Eh bien ! madame, quelles sont vos heures ? A quel moment de la journée êtes-vous libre, de préférence ?... Moi, j'habite la campagne...

— Tiens ! Moi aussi...

A cette réponse, on ne sait pourquoi, la joie illuminait la figure du monsieur... Mais la de N... entrait brusquement, traînant sa grande jupe noire, fumant sa cigarette, et coupait la conversation.

— Eh bien ! monsieur, vous entendez-vous avec madame ?

— Mais très bien.

— Et vous, madame ?

— Mais nous nous entendons fort bien.

Et le monsieur, l'air tout heureux :

— Madame habite la campagne, moi aussi, et si l'heure de quatre à cinq se trouvait dans ses convenances ?

— De quatre à cinq ? Mais tout à fait.

— Eh bien, monsieur, reprenait la de N..., je crois que vous ne faites aujourd'hui que toucher barre, mais vous me préviendrez quand vous voudrez... Un simple avertissement par le téléphone, j'en envoie un à madame, elle me répond, je vous téléphone de nouveau, et vous arrivez l'un et l'autre... Est-ce entendu ?

— C'est entendu.

Alors la dame :

— Au revoir, monsieur.

Et le monsieur, lui baisant la main :

— Au revoir, madame.

Puis, aussitôt la dame sortie, le monsieur, vivement, demande à la de N... :

— Combien est-ce ?

— Deux cents.

— Pas possible à moins ?

— Pas possible.

— Va pour deux cents... Et...

— Et ?...

— Qui est-ce ?

— Ah !... Ça... Vous savez... On ne doit pas nommer.

— C'est une femme du monde ?

— Oh !... Là-dessus, dormez bien sur vos deux oreilles. C'est tout ce qu'il y a de plus du monde... D'ailleurs, vous l'avez vu...

— Oui, oui...

— Elle est, en ce moment-ci, dans de grands embarras d'argent. Son mari a de très belles propriétés, mais qui rapportent très peu. La récolte a été désastreuse. Vous qui êtes de la campagne, vous le savez mieux que personne...

— Ah !...

— Alors, madame n'a pas tout ce qu'elle voudrait... Elle n'entend pas non plus se priver... et...

— Oui, oui... Mais où habite-t-elle ?

— Allons, elle habite dans l'Oise... Êtes-vous content ?... Mais c'est tout ce que vous saurez...

Un instant après, nous nous retrouvions dans le salon, et je demandais à la de N... :

— C'est bien une femme du monde ?

Elle me répondait, en haussant les épaules :

— Mais non, c'est une femme entretenue !

— Elle n'habite pas la campagne ?

— Si, elle habite Asnières.

— Et nous ne pourrions pas assister à une entrevue de femme mariée ?

Mais la de N..., ici, se gendarmait :

— Ça, jamais !... D'abord, je n'attends pas de femme mariée en ce moment-ci, je n'en ai pas là sous la main. Mais j'en aurais une, je ne vous la montrerais pas, et vous comprenez pourquoi... Il y a la question de confiance... Mais je vais tout de suite vous renseigner... Entre les femmes mariées et les autres, vous ne verriez pas l'ombre d'une différence. Dès l'instant que les femmes viennent chez moi, du monde ou du ruisseau, elles sont absolument toutes pareilles... Ou plutôt, elles ne le sont pas tout à fait, mais la comparaison, si on la faisait, ne serait peut-être pas pour flatter les femmes mariées... Quand une femme du monde est honnête, c'est bien, je ne la connais pas, et c'est tant mieux pour elle. Mais quand elle ne l'est pas, ça va, aujourd'hui, excessivement loin ! Chez la professionnelle, il y a encore quelquefois un certain remords, un certain regret de la vie qu'elle mène. Chez la femme mariée, jamais ! Les cocottes ou les actrices, quand je leur écris, se font souvent tirer l'oreille. Elles me répondent : « Ah ! ma chère, non, ça m'ennuie... Je ne suis pas en train... » Ou bien : « J'ai une répétition à telle heure... J'ai joué hier, je joue ce soir... Demain, j'ai une matinée... Merci, non ! » Mais la femme mariée, et surtout la femme du monde? Elle y va avec un entrain extraordinaire, et vous fait même carrément deux et trois opérations le même après-midi...

— Oh !... Vraiment ?

— Comment, oh ! Ah ! Je voudrais que vous puissiez assister à certaines de leurs conversations avec moi. C'est là où il faudrait les voir, bien plutôt que dans leurs entrevues. Vous les entendriez quelquefois

me dire en se tortillant : « Oh ! ma chère
Mme de N..., deux rendez-vous pour jeudi,
un à trois heures et l'autre à six... Mais
certainement ! mais certainement ! Mais je
ne veux pas les manquer... Attendez seulement que je calcule... » Et elles prennent
leur petit carnet : « Oh ! mon Dieu, jeudi...
jeudi... Et ce jeudi-là, justement, est horriblement chargé !... Les emplètes, ça peut
se remettre... Mais je vois une visite, deux
visites, trois visites... Oh ! trois visites... Et
des visites indispensables... Si je ne les faisais pas, ce serait la brouille à jamais...
Alors, voyons, voyons... Vous dites deux
rendez-vous ? Un à trois heures de cinq
cents, et un à six de quatre cents ? Ça
fait neuf cents... Neuf cents !... Neuf
cents !... Bah ! je m'arrangerai bien...
Voyons... Trois heures... Je peux être libre
à quatre et demie... Mais oui... Ensuite,
mes trois visites... Dix minutes chacune...

J'irai vite... Avec les allées et venues, une heure en tout me suffira, et il me restera même encore une demi-heure... Mais oui... mais oui... Mais c'est très facile !... »

J'étais, je l'avoue, un peu abasourdi. C'était invraisemblable, et cependant cela semblait vécu... Je finissais par lui demander :

— Est-ce que vous ne comptez pas écrire vos mémoires ?... Vous ne devez pas toujours vous ennuyer...

— Et le dégoût ? me répondait-elle alors violemment. Qu'est-ce que vous en faites ?... Pourquoi voulez-vous que je prenne la société, étant donné ce que je sais d'elle ? Je comprends la brutalité de l'homme, elle est naturelle ! Mais la femme ? Que voulez-vous que je pense de certaines femmes du monde, qui occupent des situations dont je ne peux pas juger puisque je ne pénètre pas dans leur milieu, mais que je sais, cependant,

honorées et respectées, et que je vois venir
là, chez moi, se vendre dans des chambres,
pour des sommes débattues d'avance ? Comment voulez-vous que le dégoût m'amuse ?
Eh ! bien, moi, monsieur, personne ne m'a
jamais touchée pour un sou ! Je vends ce
que je vends, mais il y a en moi deux femmes, la femme qui en vend d'autres comme
elle vendrait des tableaux, et celle qui a des
enfants qu'elle entend élever dans certains
sentiments...

Et elle s'agitait, se levait, se relevait,
marchait à grands pas, déchiquetait sa cigarette, la jetait, en reprenait une autre, l'allumait, se remettait à parler, se calmait
tout à coup, puis vous disait posément,
comme pour entrer dans une démonstration :

— Tenez, si vous voulez bien y réfléchir,
nous avons un *critérium*, et notre *critérium*
le voilà...

Au milieu d'une de ces considérations qu'elle développait comme avec une méthode scientifique, la femme de chambre entrait encore, et venait lui parler à voix basse... Alors, elle s'excusait de nouveau, écrasait nerveusement son éternelle cigarette dans une petite coupe où il y avait déjà des cendres, et nous disait encore poliment, en s'absentant du salon :

— Vous permettez ?...

. . . .
. . . .

La maison de la T... M... est un joli hôtel des environs de l'avenue du Bois. L'hôtel est le don d'un protecteur enthousiaste, et meublé avec un luxe rare. Nous ne sommes plus, ici, dans le fourré de portières et de tentures d'un pseudo-Orient, mais dans le vieil Aubusson et la Savonnerie. Voici des tapisseries de prix et des dessins d'art, un Boucher authentique offert par une Altesse étrangère, et des quantités de Wilette. Un peu partout, dans les salons du bas, des portes vitrées à petits rideaux de soie plissés, tendus sur doubles tringles, et qu'on rapproche ou qu'on entre-bâille à volonté. Dans les chambres, des tentures de satin ou de toiles de Gênes, des salles de bains en marbre, et des rangées d'objets de toilette en argent, flacons, brosses, peignes, boîtes à poudre, sur des tables à glaces, toutes garnies de point d'Angleterre.

Une pareille « maison d'illusion » indique évidemment des « amis » princiers, ou tout au moins très haut placés, et la T... M... a des uns et des autres.

L'un des premiers, un jour, l'Altesse étrangère, se trouvait avec elle aux courses, et la T... M... la priait de lui faire donner un coupe-file. L'Altesse, alors, cherchait du regard autour d'elle, apercevait un de nos personnages officiels, lui faisait un signe, et le personnage accourait précipitamment.

— Monseigneur ?

— Madame veut un coupe-file.

— Oh ! Monseigneur, mais c'est impossible !

— Demain, monsieur, à midi, au plus tard, il faut, entendez-vous, que le coupe-file soit chez madame.

— Mais... Votre Altesse...

— A midi, monsieur, au plus tard...

Et le personnage officiel apportait lui-même, le lendemain, le coupe-file chez la T... M... Puis, il se mettait à fréquenter sa maison à la suite de cette visite, et elle lui disait un jour :

— Vous ne connaissez pas mon ami le baron K... !

— Non.

— Je vous le présenterai. Il a quelque chose à vous demander.

— Quoi donc ?

— La Légion d'honneur.

— Oh !... Mais ce n'est pas possible ?

— Si, si, je veux qu'il l'ait... Je le veux, je le veux. Il l'aura !

Et le baron avait le ruban rouge...

Dans un boudoir du rez-de-chaussée, face au jour doucement tamisé, on voit un magnifique pastel. Il figurait, il y a quelques années, à l'un des salons de peinture, et représente une très jolie femme, d'un blond d'or clair, les yeux d'un vert d'émeraude pâle, avec un teint de lait rosé, les bras nus, vêtue d'étoffes aériennes s'harmonisant avec le lait du teint, l'émeraude des yeux et l'or de la chevelure. C'est le portrait même de la T... M... Elle vous y fait penser à une Ophélie galante qui se serait jetée dans la mousseline, au lieu de se jeter à la rivière...

Il est de bonne heure... Grâce à l'obligeance de la « coursière », une certaine

Mme A..., nous avons pu visiter l'hôtel. Nous terminons notre tournée par le boudoir où est le pastel, et Mme A..., en attendant « Madame », nous a consciencieusement fait tout admirer, les tapis de la Savonnerie, les brosses d'argent, les toiles de Gênes et les vieux Aubusson... Entre deux âges, assez mal habillée, boulotte, vive, bavarde, avec un œil en vrille étonnamment fin et perçant, Mme A..., avec tout cela, a comme un léger accent provincial, et elle nous disait familièrement, en passant devant chaque tableau ou en traversant chaque chambre :

— Hein ? c'est beau ici...

Puis, elle ajoutait brusquement, avec un haussement d'épaules :

— C'est bien trop beau pour ce qu'on y fait !...

Au bout d'une minute ou deux, cependant, « Madame » elle-même entrait, et la

« coursière », alors, se retirait, avec un voile subit de respect sur sa figure ronde et ses yeux mobiles et pointus.

La T... M... rappelle encore son portrait, mais en moins jeune. Elle est son portrait fané. Ce sont les mêmes cheveux d'un blond léger, les mêmes yeux d'émeraude claire, et presque la même Ophélie. Mais c'est une Ophélie fatiguée... Elle portait une grande robe à traîne en mousseline bleue, et ses bras nus, comme dans le pastel, sortaient de ses longues manches ouvertes. Un salut, un geste nous montrant des fauteuils, un regard d'interrogation à mon guide — le même chez toutes — et les confidences commençaient...

Elle est étrangère, s'était trouvée de bonne heure orpheline de père et de mère, et une tante s'était chargée d'elle. Ils étaient trois enfants, elle et deux frères, et tous les deux sont morts. L'un d'eux était professeur dans une école de Paris. Elle-même, elle s'était d'abord destinée à être institutrice, avait passé ses examens, pris ses brevets, et travaillé le chant et la musique. La tante, qui était dans le commerce, avait malheureusement fait de mauvaises affaires, la débâcle était venue, et la nièce, livrée à elle-même, jolie, instruite, sans situation, allait quelquefois dans le monde, où elle essayait d'utiliser ses talents de musicienne et de cantatrice. Elle y rencontrait un jour un consul et devenait sa maîtresse. Le consul l'emmenait à l'étranger, l'y faisait passer pour sa sœur, la ramenait à Paris à l'un de ses voyages, et elle y restait... Quelques années plus tard, elle était riche. Elle avait eu d'abord un second amant, connu ensuite le baron K...., un baron juif, celui qu'elle avait fait décorer, et puis encore d'autres « amis », tous excessivement généreux. Le baron lui avait donné son hôtel, un autre les meubles, un troisième lui avait fait une rente de douze mille francs, et un quatrième un cadeau de trois cents mille francs. Elle connaissait tout le monde de la haute fête, et particulièrement celui de la galanterie diplomatique. Elle aidait, à l'occasion, à des frasques de femmes du monde, et une idée, un jour, lui avait passé par la tête.

Elle s'était dit :

— Je mets continuellement des personnes en rapport... Mon hôtel est sans cesse à leur disposition... J'y fais des présentations perpétuelles .. Si j'en retirais un bénéfice ?...

Et sa maison de rendez-vous était fondée.

La T.... M... vous expose tout cela posément, gentiment, avec un léger humour, un imperceptible accent britannique, et le récit de sa rupture avec le baron ne manquait pas d'une certaine saveur.

— Mon Dieu ! nous expliquait-elle, le baron était un vieillard à qui j'aurais été désolée de faire du chagrin. Mais il ne venait me voir que cinq fois par semaine, arrivait à trois heures, m'emmenait en voiture au Bois, dîner au café Anglais, me ramenait, et partait à onze heures... Il n'était pas très amusant... Aussi, au bout d'un an, j'avais pris un petit ami qui m'envoyait de très beaux meubles, mais le baron avait toujours l'air de croire qu'ils étaient achetés avec son argent à lui... Il s'informait seulement du prix, et les trouvait toujours trop chers. A chaque instant, il voyait apporter une table ou un lustre, demandait combien ils avaient coûté, et disait simplement : « Dieu, que c'est cher !... » Un jour, ma femme de chambre m'annonce : « Madame j'ai trouvé quelqu'un, je ne veux plus être domestique, et je quitte madame. » Je lui réponds : « Bien, mon enfant, j'en suis contente... Je n'ai jamais eu qu'à me louer de vos services. Si vous avez besoin de moi pour quelque chose, n'oubliez pas que je suis là... » Et qu'est-ce que j'apprends, deux jours après ? Qu'elle est allée raconter toutes mes histoires au baron... Il venait, me disait qu'il savait tout, me faisait une scène, et me déclarait qu'il me quittait... Heureusement, je ne manquais pas d'amis, et le pauvre baron lui-même ne tardait pas à revenir... Il était fou de moi, et voulait absolument me revoir. Alors, je lui dis : « Si vous voulez, mais je vous préviens d'une chose, c'est que vous ne pourrez plus être qu'en second. » Il me répondait : « Je veux bien, mais je ne peux pas me passer de vous ! » Et je le reprenais... Il fallait bien... Seulement, il était grognon, avare, et il ennuyait tout le monde. Alors, je lui faisais entendre raison : « Voyons, vous ne pouvez pas être toujours là... Vous gênez... Vous ne donnez presque plus rien... Allez-vous-en ! » Il s'en allait, mais il revenait encore, et je lui disais : « Comment ! c'est encore vous ? — Oui. — Mais qu'est-ce que vous voulez encore ? — Vous voir ! — Mais vous ne serez plus qu'en troisième. — Eh ! bien, je ne serai plus qu'en troisième, mais je vous verrai !... » Et il recommençait encore à revenir, mais il était tout à fait insupportable, et il ne donnait plus rien du tout... Ça ne pouvait pas continuer, et je l'avais encore remis à la porte, quand il reparaissait une troisième fois... Alors, il m'exaspérait, et je finissais par lui dire : « Mais vous n'y pensez pas, j'ai Un Tel qui vient le lundi et le vendredi, Un Tel qui a le mardi et le samedi, Un Tel qui a le jeudi, Un Tel qui a le dimanche... Revenez encore si vous y tenez, mais vous ne serez plus qu'en cinquième ! — Eh ! bien, me répondait-il, je ne serai plus qu'en cinquième, mais je veux vous voir, je veux vous voir... »

Toute cette histoire, la T... M... la débitait tranquillement, avec son vague accent, son petit humour, et j'arrivais enfin à l'objet de mon enquête, je lui demandais si, dans sa clientèle de femmes, il n'y avait pas des femmes mariées, et elle me répondait, à cela, avec une extraordinaire vivacité :

— Oh ! des femmes mariées !... Trop !... Trop !

— Comment, trop ?

— Oui, trop !

Et, prenant à témoin la « coursière » qui venait de rentrer :

— N'est-ce pas, madame A...., que nous en avons trop ?

— Oh ! oui, soupirait la « coursière »... Oh ! les femmes mariées !

— Mais dans quelle proportion en avez-vous donc ?

— Dans quelle proportion ? répétait la « coursière ». Mais un bon quart...

Puis, elle parlait bas à sa patronne, ressortait, et la T... M... nous confiait, avec force doléances, que sa terreur était précisément, en effet, les femmes mariées.

— Je passe mon temps, nous disait-elle, à refuser des bourgeoises qui veulent absolument faire des *affaires*. Elles ont toutes à présent la prétention de faire les cocottes, comme elles jouent toutes la comédie de salon... Et elles s'habillent mal, elles répondent d'un air niais... Il y en a de jolies, mais elles ne se mettent pas avec goût, même quand elles se croient élégantes, et puis, en général, elles veulent trop que le monsieur leur plaise, tout en ne venant cependant que pour l'argent... Elles ne sont agréables que lorsqu'elles sont du monde. Alors, elles savent au moins choisir leurs toilettes....

Elle ajoutait:

— D'abord, il y en a qui viennent ici

sans être même décidées à *marcher*. Elles
veulent bien l'argent, mais elles ne voudraient pas le gagner ! Alors, ce sont des
simagrées, des comédies. Elles prétendent
qu'on leur manque d'égards, qu'on les
traite mal, qu'on les prend pour d'autres...
Et puis, il y a les jeunes filles... Oh ! les
jeunes filles... Avec elles, c'est l'attaque de
nerf... C'est réglé !... Heureusement, il ne
m'en vient pas souvent ; mais je tremble
toujours quand il en vient... Il n'y a pas
même un mois, j'en avais une très jolie.
Elle avait vingt-deux ans, elle s'était toujours bien conduite, et je connaissais un
monsieur qui en était fou. C'était la fille
d'une institutrice, sa mère était venue me
voir, avait fait elle-même tous les arrange-
ments, et c'était une *affaire* superbe. Le
monsieur, comme premier versement, devait donner cinquante mille francs, et ensuite mille francs par mois pendant trois

ans... Au dernier moment, rien de fait !...
La jeune personne s'est mise à sangloter,
à crier, et a fini par se sauver... Elle s'est
mariée, l'autre jour, avec un jeune homme
qui n'avait rien... Maintenant, celle-là, je
la comprends, et je n'ai rien à lui reprocher. Elle ne voulait pas venir, et sa mère
l'y avait forcée. Elle a eu raison de faire
comme elle a fait... Mais il y en a d'autres que personne ne force. Elles viennent
parce qu'elles le veulent bien. Alors, pourquoi celles-là viennent-elles, si c'est pour
faire des grimaces ?

Elle nous disait aussi :

— Je supplie tous les jours de rester chez
elles des femmes de trente-cinq et trente-huit ans, qui ont une situation, un mari,
de la famille, qui devraient cependant se
tenir tranquilles, et qui s'obstinent à vouloir
faire des *affaires*, parce qu'elles ont des
« gigolos » qui leur mangent tout leur ar-

gent... Je ne peux pourtant pas leur dire qu'elles n'ont plus l'âge, qu'elles ne sont plus bien, qu'elles sont laides, qu'elles sont finies, que mes amis aiment les jeunes femmes, et qu'ils ne voudraient pas d'elles... Alors, je les raisonne, et je leur fais la morale. Je leur dis : « Voyons... Des femmes comme vous !... Laissez donc ça... C'est bon pour nous... » Mais elles n'écoutent rien. Des *affaires*, des *affaires*, elles veulent absolument faire des *affaires* !... Et leurs prétentions !... Mme Une Telle, naturellement, s'imagine toujours qu'elle vaut très cher, uniquement parce qu'elle est Mme Une Telle. Elle vous demande tout de suite des cent et des deux cents louis ! Il faudrait prendre un miroir, le lui mettre sous la figure, et lui dire : « Mais regardez-vous donc ! » Ça, seulement, ça ne se peut pas... Alors, je lui dis simplement qu'une femme comme elle ne vient pas chez une femme comme moi... Mais elles sont toutes les mêmes, elles sont enragées. Et tout ça, encore une fois, parce qu'elles entretiennent des « gigolos » ! C'est le « gigolo », toujours le « gigolo » !

Et elle nous racontait, en faisant de temps à autre un petit effet de bras nu dans sa robe de mousseline bleue :

— Il m'arrivait, il y a à peu près deux mois, une dame qui avait au moins trente-cinq ans, et qui était courte et empâtée... Pas jolie du tout, mais très élégante.... Je lui demande de la part de qui elle vient, et elle me répond que c'est de la part d'une femme du monde de ses amies, dont elle me donne le nom, et qui avait fait, en effet, deux ou trois *affaires* chez moi. Elle me dit en même temps qu'elle est Mme Une Telle, la femme de l'industriel, qu'elle a son hôtel dans tel endroit, toutes ses relations dans le grand monde, et qu'elle est décidée à faire des affaires, mais pas à moins de vingt mille francs. J'en suis tellement stupéfaite, que je lui réponds simplement : « Madame, vous pouvez rester chez vous. Jamais on ne vous paiera ce prix-là. » Sur quoi, elle sort furieuse, et sans même me saluer... Deux ou trois jours après, nouvelle visite, où elle arrive m'annoncer qu'elle se contentera de dix mille francs. Je lui réponds encore : « Madame, c'est inutile. On ne vous paiera pas plus dix mille que vingt mille. Vous pouvez vous en aller. » Elle s'en va encore furibonde, et toujours très grossièrement... La semaine suivante, troisième visite, et elle me demande, cette fois, d'un air piqué : « Mais, enfin, madame; vous ne voulez donc pas me faire faire des *affaires* ? » Je lui réponds : « Mais, madame, vous demandez des prix fous ! — Eh ! bien, cinq mille ? — Mais c'est encore beaucoup trop ! — Eh ! bien, deux mille ? — Mais c'est toujours trop ! — Eh ! bien, mille ?... » Elle insistait tellement que je finissais par céder. J'avais pris mes renseignements, elle était bien en effet la femme d'un industriel, et je lui disais que je voulais bien la recevoir, qu'elle pourrait venir chez moi l'après-midi, que je lui présenterais mes amis, et que nous verrions si l'un d'eux voudrait la payer mille francs... Elle revenait dès le lendemain, et je la mettais en rapport avec ces messieurs; mais la femme seule aurait déjà suffi à leur faire horreur, et le prix les faisait tous éclater de rire... Personne ne la prenait... Le lendemain, le surlendemain, elle continuait à revenir, mais on ne voulait toujours pas d'elle... Alors, elle baissait encore son prix de cinq cents francs... A cinq cents francs, seulement, comme à mille, on n'en voulait toujours pas !... Enfin, elle revenait ainsi depuis une semaine, sans parvenir à trouver amateur, quand elle arrivait me dire, un jour, tout en fureur : « Madame, je viens de voir une personne descendre l'escalier, et cette femme a fait une *affaire*, j'en suis sûre ! » Je lui réponds : « Mais parfaitement, madame... Savez-vous seulement pour combien ? Pour cent francs ! — Eh ! bien, je veux bien pour cent francs, mais faites-moi faire des *affaires* !... Je veux faire des *affaires*, je veux faire des *affaires*... » Je ne sais pas comment les choses se sont passées, mais elle n'a même pas pu trouver quelqu'un pour cent francs. Elle est revenue encore pendant huit jours, elle faisait des toilettes extraordinaires, des frais inimaginables. Personne !... A la fin, elle en est devenue comme folle. Elle s'est mise à crier, à faire des scènes... Et elle est partie en me disant des injures et en faisant claquer les portes... Alors, je me suis doutée qu'elle avait dû me faire des sottises... Je suis montée, j'ai cherché, et je ne m'étais pas trompée... Savez-vous ce qu'elle avait fait ?... Elle m'avait emporté une brosse d'argent...

— Mais, demandais-je à la T... M..., cette femme-là est-elle bien vraiment la femme d'un industriel sérieux ?... Est-ce qu'elle ne serait pas plutôt, en fait de femme d'industriel, une chevalière d'industrie ?

— Pas du tout !

— Vous avez bien vérifié où elle habitait ?

— J'envoie toujours Mme A..., ma «coursière», vérifier les adresses et les domiciles.

— Et c'était bien la femme d'un industriel important ?... Elle avait bien son hôtel où elle le disait ?

— Parfaitement.

— Alors, c'est une folle.

— Pas folle le moins du monde !... Ou plutôt si, mais d'une folie bien simple... Elle a tout bonnement un « gigolo » !...

Pour la T... M..., le « gigolo » expliquait

tout, mais seulement chez les femmes mûres. Pour les autres, elle variait les explications, et nous en donnait une d'une étrangeté singulière... Il s'agissait, cette fois, d'une jeune femme mariée depuis peu, jolie, et ne rentrant plus, par conséquent, dans la catégorie des personnes sur le retour, perdues et exploitées par des amants plus jeunes qu'elles. Cette jeune femme était de famille riche, avait épousé un mari également riche, d'aussi bonne famille qu'elle, et le ménage vivait en commun, avec le père et la mère du mari, sans luxe, et d'une vie fort bourgeoise... Comment donc cette femme riche, mariée richement, et vivant en bourgeoise, pouvait-elle bien faire des *affaires*... ? Pour l'argent, toujours pour l'argent !... Mais comment pouvait-elle en avoir besoin ?... Parce que, d'après la T... M..., son mari, son beau-père, sa belle-mère, et ses propres parents à elle, étaient tous l'avarice même !

L'existence en commun du jeune et du vieux ménage, dans le même appartement, n'était même qu'un effet de cette avarice, et tout y était si strictement réglé, avec une suppression si sévère de tout ce qui représentait l'imprévu ou le superflu, que la jeune femme, tout en ne manquant de rien au point de vue du nécessaire ou de l'honorabilité, et malgré toute sa fortune, n'avait pas même de quoi prendre une voiture. Alors, elle faisait des *affaires* pour avoir de l'argent de poche. Elle venait chez la T... M... pour s'y faire un boursicot !

N'était-ce pas un peu là un conte fantastique ?... Cela y ressemblait beaucoup, comme aussi ce qu'elle me déclarait, à propos des clients et des amis de sa maison.

Je lui demandais qui ils étaient, et elle me répondait :

— Des jeunes gens de famille, et beaucoup d'étrangers... Les maisons de rendez-vous viennent d'être interdites en Angleterre, et beaucoup d'Anglais de l'aristocratie, des Lords, des membres du Parlement, viennent chez moi depuis l'interdiction. Il font même le voyage exprès... Pour les jeunes gens de famille, ils viennent me demander des maîtresses, mais quelques-uns me demandent même aussi des femmes, lorsque leurs familles sont ruinées.

— Des femmes pour les épouser?

— Oui, pour les épouser !

— Mais dans quel but ?

— Mais pour s'en faire des revenus !

— C'est bien sérieux ?

— Très sérieux !

— Vous en avez beaucoup comme ça ?

— Pas beaucoup, mais j'en ai...

Et elle nous disait tout à coup :

— Savez-vous ce qu'on devrait faire? On devrait fermer les maisons de rendez-vous. On les a fermées à Londres, on les a fermées à Berlin, on les ferme maintenant partout à l'étranger, on devrait aussi les fermer à Paris... Ou plutôt, à Paris, on devrait seulement en autoriser cinq ou six, les cinq ou six plus *chic*, en leur interdisant les femmes mariées, mais en leur permettant les mineures... On fait beaucoup d'histoires avec les mineures, mais il vaudrait infiniment mieux pour elles qu'elles puissent venir dans des maisons comme la mienne, plutôt que d'aller perdre leur santé dans de mauvais endroits... Ainsi, j'ai reçu hier la visite d'une Espagnole qui venait me proposer ses filles. Il y en avait une de quatorze ans, une de seize, une de dix-huit, et toutes les trois jolies comme des amours! Cette femme a été lâchée par son mari, gagne trois francs par jour, et elles sont quatre, mère et filles, à manger sur ces trois francs! Comment voulez-vous qu'elles vivent?... Eh! bien, je lui ai refusé ses filles, et je le devais, mais elles seront allées, le soir même, dans toutes sortes de caboulots, où elles auront fait la noce avec des rien-du-tout, pour ne pas gagner grand'chose ! Ici, au contraire, elles auraient tout de suite gagné de jolies sommes, tranquillement, avec des hommes bien élevés, et dans une maison comme il faut... Oui, on devrait n'autoriser que cinq ou six maisons *très chic,* avec permission des mineures, et interdiction des femmes mariées... Ah ! les femmes mariées... C'est une peste... Tous mes amis m'en demandent, et je leur en donne... Mais s'ils savaient ce que je leur donne !... Je n'irai pas le leur dire, mais toutes les fois qu'une femme mariée leur plaît, ça n'en est pas une, c'est une cocotte... Tenez, demandez à Mme A .. !

La «coursière» était encore rentrée depuis une minute, et certifiait avec un signe de tête énergique:

— Parfaitement !

Puis, elle s'exclamait, scandalisée :

— Ah ! Monsieur... Nous voyons venir ici des mères de familles !... Est-ce que c'est leur place ?... Mon mari n'est qu'un ouvrier, monsieur, mais je lui dis bien souvent, le soir, en rentrant : « Ah ! mon pauvre homme, toutes les femmes que j'ai encore vues là-dedans aujourd'hui, j'aurais mieux aimé ne pas y être allée... »

Cette « coursière » piquait ma curiosité, et je finissais par lui demander :

— Mais, enfin, qui voyez-vous donc ?... Est-ce que vous pourriez citer des noms ?

— Des noms ? s'écriait-elle, des noms ?...

Et elle me lâchait, violemment, toute une kyrielle de noms, y joignait des adresses, ajoutait même certains détails sur des particularités de famille, sur les cercles où allaient les hommes, et s'en retournait ensuite, avec indignation, aux *affaires* de la maison...

. . . .
. . . .

— Et celle-là ? demandais-je dans la rue à l'agent en retraite.

Celle-là, me répondait-il, elle ment peut-être bien un peu fortement... Mais, cependant, pas toujours... Il y a du vrai, même dans ce qu'elle dit...

Rentré chez moi, une heure plus tard, je prenais mon *Tout Paris*.

Parmi les dix ou douze noms de femmes mariées ou du monde, ou soi-disant monde, ou soi-disant mariées, lancées par la « coursière », la plupart ne m'avaient absolument rien dit, mais deux ou trois m'avaient cependant frappé ! Il me semblait encore les voir, dans les journaux de la veille ou de l'avant-veille, figurant dans un bal ou une réunion sportive, et je les cherchais dans l'*Annuaire de la Société Parisienne*...

Eh ! bien, la « coursière » ne m'avait pas trompé, et c'était bien, en effet, aux adresses indiquées par elle, *Mme Une Telle, née Une Telle*... C'était bien la rue, le cercle du mari, et c'était bien la famille !

CHAPITRE V

SUITE DE L'EXCURSION

— Alors, un certain nombre de femmes mariées viennent bien vraiment chez vous?.. Et comment?... Par quelle filière y viennent-elles ?...

Je posais cette question à la S.... Elle est propriétaire, elle aussi, d'un bel hôtel particulier sur un boulevard élégant, et sa réponse était tout un petit manuel :

— Mon Dieu ! monsieur, m'expliquait-elle, comment les femmes mariées nous viennent, ou comment nous allons à elles — car il y a les deux — cela se fait de bien des façons... D'abord il y a deux classes de femmes mariées, les femmes du monde, et les bourgeoises de bourgeoisie plus ou moins moyenne, c'est-à-dire les femmes de médecins, d'artistes, d'avocats, de fonctionnaires et d'employés... Nous allons commencer par les bourgeoises... Eh ! bien, celles-là nous sont presque toujours envoyées par d'autres femmes de leurs amies, déjà venues chez nous, et qui nous étaient venues de même. Elles causent entre elles, se plaignant de leur manque d'argent, et se font des confidences sur leur gêne. L'une aurait besoin d'une toilette, une autre voudrait aller aux bains de mer. Elles savent bien qu'on peut s'en tirer avec une « liaison », et connaissent toutes plus ou moins des femmes qui ont « un ami », tout en étant cependant des femmes très bien. Mais une liaison est dangereuse, et finit toujours par devenir ennuyeuse. C'est incommode et encombrant... Voilà ce que vous leur entendez à présent constamment répéter à toutes. Naturellement, lorsque les femmes en sont là, elles n'ont déjà plus grande morale, et perdent vite ce qui peut leur en rester en lisant les romans et les journaux, ou en voyant ce qu'elles vont voir au théâtre, et surtout au café-concert. Alors, de fil en aiguille, elles parlent de nous. Elles ont entendu dire qu'une personne de leur connaissance allait quelquefois dans une maison où elle faisait des *affaires*, sans aucun inconvénient, avec toute sécurité. A cette idée, elles se scandalisent d'abord un peu, mais ensuite un peu moins, puis encore un peu moins. Les unes blâment, d'autres ne blâment pas autant, et d'autres ne blâment plus du tout. Il est bien rare, quand il y a quelque part une de ces conversations-là, qu'une petite dame ne m'arrive pas dans la quinzaine qui la suit. Elle a réfléchi, s'est procuré mon adresse, et vient me voir. Les bourgeoises, presque toutes, nous viennent de cette façon-là.

— Il ne vous en vient pas par des annonces ?

— Jamais !... Les maisons de rendez-vous qui se respectent n'usent pas des annonces, et celles qui le font sont les « petites boîtes ». Quelles garanties voudriez-vous avoir avec des femmes envoyées par les journaux ?... Mais nous avons aussi l'envoi par l'amant lui-même...

— C'est fréquent ?

— Non, mais ça existe, et voici dans quelles conditions... Encore une fois, les femmes mariées qui viennent chez nous ne sont pas les femmes vertueuses. On ne passe pas, sans transition, de la vertu à la maison de rendez-vous. Avant de nous venir, elles ont donc déjà trompé leur mari. Elles ont eu un amant, ou des amants, ou des fantaisies. Mais l'amant lui-même, aujourd'hui, représente une servitude. Ou bien, il est accepté tacitement par le mari, et la situation devient bourgeoise. Elle fait presque l'effet d'être légitime, et l'amant n'y voit plus qu'une chose, c'est qu'il entretient le ménage sans y être positivement obligé. Ou bien, le mari ne sait rien, mais les choses se gâteraient s'il apprenait quelque chose, et l'amant se fatigue de payer pour ne pas vivre tranquille. Car tout le monde, à présent, voit tout à ce point de vue-là... Alors, il dit un jour à sa maîtresse, qui ne s'en blesse pas autrement : « Ma chère enfant, la situation est un peu lourde pour moi, mais je ne voudrais pas te laisser dans l'embarras.. J'ai entendu parler de Mme Une Telle. Elle est très bien, très discrète. Elle reçoit des femmes très comme il faut. Tu es jeune, tu es jolie, tu auras certainement beaucoup de succès... Pourquoi n'irais-tu pas chez elle ?... Tout ça, au fond, c'est des bêtises... Beaucoup de femmes y vont, et personne ne se doute de rien... » Et qui est-ce qui m'arrive encore dans la quinzaine ? C'est la petite dame... Mais si je vous disais qu'en ce moment-ci j'en ai même une envoyée par son mari...

— Alors, c'est le mari-souteneur ?

— Mais non... Pas du tout, ou pas précisément... Le mari-souteneur fait chanter, et vit de chantage. Celui-là ne fait pas chanter, et possède même une certaine situation.

— Mais qu'est-ce qu'il fait ?

— Il est architecte... Et c'est un architecte qui exerce... Il est établi, il a des bureaux, des commandes, une clientèle, un personnel. Il est bien vraiment architecte... Seulement, il envoie sa femme ici. Il est simplement un mari consentant, et pour qui le consentement rapporte, mais qui, au lieu de consentir à un amant, consent à la maison de rendez-vous... En somme, c'est le pendant, pour le mari, de l'étape faite par la femme. La femme qui, autrefois, avait un amant ou des amants, tend maintenant à remplacer ça par nos maisons. De même, au lieu d'être complaisant pour l'amant, ou pour les amants, le mari l'est pour les *affaires*, et il y a même déjà, j'en suis bien persuadé, beaucoup plus de ces maris-là qu'on ne se le figure... Après tout, il faut bien toujours de l'inconduite. Ce qui la représentait autrefois a fini par être admis. Alors, maintenant, c'est nous qui la représentons... Voilà tout... C'est l'évolution...

Et la S..., cette observation posée, passait aux femmes du monde :

— Pour celles-là, continuait-elle, il faudrait encore les classer en deux catégories, ou les prendre, tout au moins, dans deux cas différents, quand elles nous viennent d'elles-mêmes, et lorsque nous allons les chercher... Eh! bien, la femme du monde qui se présente d'elle-même nous vient aussi assez souvent par d'autres femmes de ses amies. On m'annonce une dame, et je reconnais tout de suite une femme du monde « — De la part de qui, madame ? — De la part de Mme Une Telle. — Ah !... Très bien... » Cette façon-là est fréquente. Mais les mondaines, lorsqu'elles font les avances, nous sont également adressées, et quelquefois même amenées, non pas par leurs amants, mais par leurs amis, par les hommes de leur monde, qui sont en même temps nos habitués. Je pourrais même vous en citer une qui m'a été amenée par son cousin. Et celles qui nous arrivent ainsi, bien entendu, sont toujours les plus jolies, car ceux qui nous les amènent ne le font que pour se les préparer... Quant à la facilité relative avec laquelle ils nous indiquent à elles, ou les conduisent même chez nous, elle s'explique aussi parfaitement. Vous devez savoir, d'après ce que j'entends dire moi-même, à quel point le langage est devenu libre dans certains milieux mondains. On y chante les chansons de cafés-concerts les plus salées, et ces dames vont absolument partout, dans les cabarets artistiques et les bouibouis les plus lestes. Elles prennent ainsi l'habitude de tout voir, et de tout voir avec des hommes. La conversation, ensuite, continue sur le même ton, les maisons de rendez-vous font naturellement partie du programme, et que finissent-elles par demander?... Qu'on les mène voir nos maisons... Et on leur en mène voir bien d'autres! Sous prétexte de visite aux bas-fonds, on a bien mené, une nuit, la femme d'un haut fonctionnaire assister à des scènes de maisons publiques. Elle était habillée en homme, elle n'est plus jeune, et les femmes de l'endroit la prenaient pour la patronne d'un autre établissement. Elles venaient lui demander de les engager... On peut donc facilement comprendre comment certaines femmes du monde nous connaissent déjà un peu d'avance. Alors, comme elles ne sont pas des vertus, qu'elles ont toujours un besoin d'argent désordonné, et qu'elles le crient à tous les échos, un de leurs amis dit un jour à l'une d'elles : « Vous ? Mais vous gagnerez cent mille francs quand vous voudrez !... Allez seulement voir S.... Ce sera fait dans la semaine ! » Je sais bien encore, dans ce cas-là, qui est-ce qui vient me demander de lui faire gagner cent mille francs dans la semaine. Et c'est même un chiffre tout fait. C'est comme pour les petits pâtés ! C'est toujours cent mille francs... Seulement, je me mets à rire, et je commence par faire comprendre à la dame, tout en ne la décourageant pas, qu'on ne gagne pas tout de même cent mille francs comme ça, mais qu'on peut gagner un peu moins, tout en gagnant encore une somme assez ronde. Au bout de quelques minutes, elle n'en est déjà plus qu'à cinquante mille, et finit par consentir pour cinq mille, ou même pour trois mille... Deux cents louis, ça se prend toujours !...

— Et le client sait-il qui elles sont ?

— Ça dépend... Dans les *affaires* ordinaires, on ne doit jamais nommer la femme mariée. Mais on la nomme toujours, au contraire, dans certaines grosses *affaires*, et le nom, dans ces cas-là, fait partie du prix. Il y a même des circonstances où il est un peu toute l'*affaire* à lui tout seul, c'est lorsqu'un client nous demande de lui procurer une personne déterminée. On nous adresse ainsi quelquefois à des personnes du monde, et nous entrons, avec celles-là, dans la catégorie des femmes qu'on va chercher... En ce cas, nous avons deux façons d'opérer, soit par la « coursière », soit par nous-mêmes. Pour moi, en général, je procède par ma « coursière », et je l'envoie le matin chez la dame. Elle n'attire pas l'attention, elle a l'air d'une domestique qui vient faire une commission, et qui a seulement reçu l'ordre de parler à madame elle-même. Elle ne peut jamais risquer qu'une chose, ou bien de n'être pas reçue, ou bien, si on la reçoit, d'être mise à la porte. Mais ordinairement elle est reçue, et même quand elle ne l'est pas, ou même si on la chasse, tout n'est pas encore perdu. Au fond, voyez-vous, c'est toujours une question de prix. Nous n'allons pas ainsi, encore une fois, chez les femmes vertueuses, et vous pouvez toujours vous présenter aux autres, si vous venez avec un gros sac. Ces dames se blessent du prix faible, mais le prix fort les blesse rarement... Maintenant, j'opère d'autres fois par moi-même, et j'ai alors bien des manières. Ainsi, je sais que la personne a telle couturière, et je connais la couturière? Je me trouve chez la couturière en même temps que la dame, je cause, j'admire la toilette, j'engage la conversation et je vois ce qu'il y a à faire. Il y a même des couturières qu'on peut mettre dans son jeu. Si on n'y met pas la couturière, on tâche toujours au moins d'y mettre un « mannequin », et si on ne fait pas causer par soi-même, c'est le « mannequin » qui fait causer...

— Mais de quoi fait-on causer ?

— Toujours et invariablement d'argent... On montre des toilettes à la cliente, on l'excite à en commander, puis on lui dit, quand elle demande les prix, qu'on s'arrangera toujours, et que si ce n'est pas d'une façon, ce sera d'une autre. Si elle ne comprend pas, on ne va pas plus loin, au moins momentanément. Si elle comprend, on le voit tout de suite, et, en général, l'affaire est faite... Et puis, la dame peut avoir une automobile, et voilà encore un excellent prétexte pour entrer en négociation ! Alors, j'arrive d'abord en m'excusant : « Mon Dieu, madame, pardonnez-moi, mais on m'a parlé de votre *auto*, j'en fais moi-même construire une, et je voudrais juger sur la vôtre des derniers perfectionnements. — Mais je vous en prie, madame ! Mais, au contraire, mais je suis enchantée, mais venez, mais vous allez voir... » Et la connaissance est faite, vous entrez tout de suite en confiance, et vous ne tombez pas toujours mal. L'automobilisme, aujourd'hui, est un des grands moyens de se mettre en rapport... En résumé, ayez de l'argent à offrir, et on vous écoutera toujours. Avec un bon prix, tous les moyens d'entrer en communication sont bons. Avec un petit prix, les meilleurs ne valent rien. Arrivez en offrant seulement vingt mille francs, et vous pouvez être tranquille, on ne vous mettra pas à la porte. Ensuite, une fois la conversation engagée, vous rabattez avec adresse. Vous dites: « Oui, j'ai un ami disposé à donner vingt mille francs, mais il ne le pourra que dans un mois, et je ne devais même vous voir qu'à ce moment-là. J'ai pris sur moi de vous voir plus tôt. En attendant, seulement, si vous le vouliez... J'ai des clients plus modestes... Le gros morceau viendra ensuite... » Mais les prix, actuellement, ont beaucoup baissé, et les grands prix, en réalité, n'existent même plus. Ils ne servent plus qu'à amorcer.

— Et pourquoi cette baisse ?

— Parce qu'on *marche* beaucoup plus, et beaucoup plus facilement. D'abord, on y attache de moins en moins d'importance, et le préjugé, d'ici plus ou moins longtemps,

aura même complètement disparu. En
outre, on a presque entièrement supprimé
les risques. La science et l'hygiène ont fait
des progrès énormes. Je ne sais pas si le remords existe, et je ne le crois pas, mais il
n'existe presque plus rien, dans tous les cas,
de ce qui pouvait, autrefois, vous y rappeler. On peut venir chez nous, et y gagner tranquillement ses mille ou ses cinq cents francs,
en étant absolument sûre que, ni d'une façon, ni d'une autre, l'affaire n'aura jamais
de suite. Et puis, tout pousse à la *marche*,
les romans, les théâtres, les journaux, les
affiches, les sports, les thés, les façons de
s'habiller, et le besoin d'argent, un besoin
d'argent dont on n'a pas idée ! Il en résulte
une grande facilité, une grande concurrence,
et, par conséquent, une grande baisse de
prix. Les grands prix d'autrefois étaient
entre dix mille et trente mille francs. Ils sont,
à l'heure qu'il est, entre deux mille et trois

mille. Et encore ces *affaires-là* deviennent-
elles de plus en plus rares. On retrouve
bien de loin en loin, une affaire exception-
nelle, mais elle l'est de plus en plus, et la
femme du monde elle-même n'est plus excessivement chère. La véritable femme du
monde, d'ailleurs, celle qui ne s'est pas
déjà un peu déclassée est, en somme, très
rare chez nous. Dans ces trois ou quatre
dernières années, j'en ai peut-être fait tout
au plus une dixaine, et le vrai fond de ma
maison, comme femmes mariées, c'est la
petite femme d'employé de banque, de ministère ou d'une grande administration, celle
dont le mari a cinq cents francs à dépenser
par mois et un appartement de deux mille
francs. Voilà la petite femme qui vient surtout chez moi, et que j'attire le plus que je
peux. Les premières fois, elle est un peu
gênée, un peu gauche, elle ne se présente
pas bien, elle ne sait pas. Elle est même

d'abord si drôle, que le monsieur la refuse. Il me dit : « Écoutez, non... Je ne veux pas... Elle me fait peur... Ça va finir par une histoire... » Mais, peu à peu, elle se fait, elle s'encourage, elle apprend... Au bout de quelque temps, elles deviennent toutes délicieuses !

La S..., qui raisonne avec cette expérience la pratique de son métier, succède, comme propriétaire, dans l'hôtel où elle exerce son « magistère », à un écrivain célèbre mort il y a une quinzaine d'années. On entre par une galerie vitrée dont le tapis vous conduit, entre des palmiers et des marbres, à une petite salle en rotonde. De là, par une quinzaine de marches, on monte à une grande pièce éclairée d'en haut par un vitrail, avec un lit de parade à l'une des extrémités, et une grande cheminée à l'autre. Au centre, un canapé et des fauteuils. Aux murs, des tableaux modernes. Le tout sérieux, dans le genre moyenageux.

De temps à autre, pendant le véritable cours de proxénétisme que nous faisait la S..., un léger gazouillis de voix féminines arrivait d'une pièce voisine.

— Est-ce que ce sont là vos petites femmes d'employés de banque, de ministère et de grandes administrations ? lui demandais-je.

— Non, me répondait-elle en riant, celles-là sont des personnes plus libres.

Et elle nous citait, en terminant, les deux plus belles affaires de sa carrière : une femme du monde, obtenue pour dix mille francs, et une Américaine, payée cent mille.

Je lui demandais :

— Étaient-elles très jolies ?

Elle me répondait:

— Oui, très jolies toutes les deux, mais surtout l'Américaine... Oh ! celle-là... Jolie !... Jolie !... Extraordinaire !

— Et comment avez-vous connu la femme du monde ?

— Par un de ses amis qui est un de mes habitués. Il a pris rendez-vous pour elle et elle est venue.

— Elle n'était pas un peu gênée ?

— Oh ! Pas du tout... Elle est arrivée vers les trois heures, a commencé par demander une psyché, s'est mise à se coiffer et à s'arranger, comme s'il s'agissait de poser pour son portrait et, sans l'ombre d'une gêne, tout en se coiffant, m'a conté toutes ses petites histoires. Elle avait si bien l'air d'être chez elle qu'il me semblait ne plus être chez moi. Elle me disait, tout en se coiffant : « Ah ! ma chère madame S..., comme je suis contente de vous voir !... Voilà assez longtemps que mes amis me parlent de vous... Tenez, passez-moi donc ce peigne, donnez-moi donc cette épingle... » Et elle me parlait de son mari, de ses frères, de sa belle-mère... Elle me racontait qu'elle avait déjeuné chez sa belle-sœur, qu'elle allait dîner le soir chez la baronne... Au bout d'un quart d'heure, je connaissais toute sa famille !

— Est-elle revenue d'autres fois ?

— Jamais.

— Et l'Américaine ?

— C'est la femme d'un industriel anglais. Son mari ne vit pas avec elle, et lui fait cent mille francs de pension par an. J'avais été chargée de la voir par un très riche Américain qui m'avait dit simplement de lui demander son prix. Elle a demandé cent mille, et il a donné cent mille...

Grosse et courte de taille, avec un casque frisotté de cheveux blonds sur deux yeux noirs fatigués, un nez fin tournant au crochu, une figure un peu forte, et quelque chose de gras, et de légèrement ironique, la S... paraît avoir entre quarante-cinq et cinquante ans. Elle cause bien, posément, avec finesse, une grande convenance et un sage scepticisme. On regarde presque, en l'écoutant, si elle n'a pas, à son corsage, le ruban d'officier d'Académie. Il y manque. Elle est très proche parente d'une femme de lettres, et vit elle-même, paraît-il, dans un certain monde artiste.

. . . .
. . . .

A notre arrivée chez la V..., une femme de chambre du genre sérieux — la domestique de confiance des vieilles et bonnes familles — nous reçoit avec un muet sourire, et nous dit très respectueusement :

— Madame prie ces messieurs de vouloir bien l'excuser, et leur demande de l'attendre un instant... Madame est quelquefois un peu longue à sa coiffure... Mais madame est toujours si correcte...

Dans le salon où nous l'attendons, et d'où

l'on aperçoit, à quelques pas, les longues rangées de fenêtres d'un grand magasin de nouveautés. « Madame », cependant, ne tarde pas à paraître, et je suis d'abord un peu surpris par cette petite femme toute jeune, menue, et comme d'une beauté de bibelot. Elle a vingt-trois ou vingt-quatre ans, une figure de jolie médaille, des yeux d'un noir de jais, des lèvres d'un rouge de laque, une toilette blanche, et des cheveux très noirs, retenus par un peigne d'or. Elle entre sans bruit, à la façon d'une ombre, s'installe sur un pouf auprès d'un guéridon où est un appareil téléphonique, se pose comme dans une immobilité d'idole asiatique, et je commence par m'étonner qu'elle puisse déjà s'occuper, à son âge, de faire faire des *affaires* aux autres...

Alors, elle sourit, et me réplique très tranquillement :

— Mais c'est très compréhensible... Puisque je suis dans la galanterie, j'ai mieux aimé être colonel que soldat !...

La V..., pas plus que les autres, ne manque, on le voit, d'intelligence, et je poursuis auprès d'elle l'objet de mon enquête... Je lui demande s'il vient, dans sa maison, des femmes mariées, des femmes du monde, et elle me répond très simplement, avec une petite expression de surprise :

— Des femmes mariées ?... Mais oui, beaucoup !... J'en ai bien une cinquantaine, et j'ai peut-être dans le nombre une quinzaine de femmes du monde.

— Du vrai monde ?

— Mais parfaitement... Du monde qui s'amuse, mais du vrai monde...

A ce moment, la femme de chambre de bonne maison paraissait, et venait prévenir « Madame » qu'on la réclamait au téléphone... Alors, « Madame » faisait un signe, prenait le récepteur de l'appareil placé sur le guéridon, l'approchait de son oreille, écoutait, et répondait à peu près, sans se déranger :

— Allo... Allo... Oui... Bien... Non... Non...

Puis, elle remettait le récepteur en place, et nous disait, toujours tranquille :

— Tenez, c'est précisément une maison qui me demande des femmes du monde. Elle en manque, elle sait que j'en ai toujours, et elle s'adresse à moi pour en avoir... Mais je me garde bien naturellement de lui indiquer les miennes... Qu'elle en trouve !... Maintenant, continuait-elle en souriant, vous savez qu'il passe beaucoup plus de femmes mariées dans les maisons de rendez-vous qu'on ne se l'imagine... Ah ! si on savait !... Dès qu'elles ont un besoin d'argent un peu pressant, elles m'arrivent tout de suite. Je suis leur banquier ! J'en connais une qui a plus de cinquante mille francs de rentes, et qui a toujours besoin de mille francs. Une autre a toujours besoin de cinq cents francs. Il y a toujours une somme après laquelle elles courent ! Deux fois par semaine, je reste chez moi le soir, et elles viennent toutes me voir à ce moment-là. Elles m'expliquent ce qu'elles veulent, ce dont elles ont besoin, le genre d'*affaires* qu'il leur faut, je cherche alors parmi mes amis, je consulte ma liste, et nous arrangeons ça en prenant une tasse de thé... Ah ! si vous les entendiez ! Elles sont toutes les mêmes ! D'abord, elles commencent par vous dire, quand elles viennent pour la première fois : « Oh ! moi, vous savez, je veux bien faire une *affaire* par mois... J'en ai absolument besoin... Je ne peux pas faire autrement... Mais je ne veux pas en faire plus, c'est bien assez ! » Et puis, au bout de quelque temps, on vient encore me demander le thé, et on me dit, comme sans y toucher : « Mon Dieu ! vous savez, je suis si gênée... Je veux bien en faire deux par mois. » Et puis, quelque temps encore après : « C'est épouvantable, je ne peux pas m'en tirer, je dois partout ! Faites-m'en faire une par semaine ! » A la fin, au besoin, elles en feraient même deux par jour. Ce qu'elles veulent toutes, c'est un bon prix. Dès l'instant que la somme est là, elles y sont aussi... Ainsi, tout dernièrement, un monsieur voulait une dame, et il était venu me dire qu'il irait, s'il le fallait, jusqu'à quatorze mille francs. Je vais alors voir la dame, et je lui fais passer ma carte. Elle arrive, et, très désagréable : « — Madame, qui êtes-vous ? — Mon Dieu ! madame, vous avez vu mon nom. — Oui, madame, mais votre nom ne me dit rien. — Eh ! bien, madame, j'ai un ami qui désire vous connaître, et qui est excessivement généreux.

— Madame, je ne sais pas ce que vous voulez dire, et je ne comprends absolument rien à votre démarche. — En ce cas, madame, excusez-moi... Vous avez mon adresse ? — Je l'ai, madame. — Permettez-moi de vous la laisser... Vous m'écrirez si vous le jugez convenable... Bonjour, madame. — Bonjour, madame ! » Huit jours après, je reçois une lettre me donnant rendez-vous au salon de lecture du....., là, en face... J'y vais, et la dame, en me voyant, me dit, très impertinente : « — Eh ! bien, madame, vous êtes venue me voir l'autre jour, et vous m'avez parlé d'une grande générosité... Je ne sais pas du tout ce que vous avez voulu dire. Pourriez-vous vous expliquer davantage ? — Eh ! bien, madame, j'ai un ami qui donnerait quatorze mille francs. — C'est bien, madame, je réfléchirai... Bonjour, madame ! — Bonjour, madame... » Huit jours plus tard, nouvelle lettre me donnant encore rendez-vous au salon de lecture... J'y vais encore, et là, je demande : « Eh ! bien, madame, avez-vous réfléchi ? » Elle répond alors, tout à fait insolente : « — Oui, madame, et je trouve que c'est peu. — Eh ! bien, madame, je reverrai mon ami... »... Et l'affaire s'est faite pour vingt mille francs... Qu'est-ce qu'il y a, Rose ? ...

La femme de chambre était rentrée en apportant une carte sur un petit plateau, et la remettait à la V∴ qui nous disait en la prenant :

— C'est justement une dame qui demande à me voir... Le comtesse de...

Et elle nous faisait passer une petite carte qui avait l'air, en effet, d'une carte de femme du monde. Le nom : *Comtesse de X...* Au bas : *Le lundi*. L'adresse n'y était pas. Elle se trouvait seulement ajoutée au crayon, écrite d'une écriture élégante, et la comtesse, ou pseudo-comtesse, demeurait, d'après cette adresse, dans une des rues les plus richement habitées du quartier des Champs-Élysées.

— Connaissez-vous le nom, nous demandait la V..., pendant que la femme de chambre nous montrait la carte.

— Non, disions-nous... Mais pensez-vous qu'une vraie comtesse vous ferait ainsi passer sa carte sans prendre plus de précautions ?

— C'est vrai, disait-elle alors... Priez d'attendre...

Et je lui demandais, en reprenant mes questions, pendant que la femme de chambre ressortait :

— Mais Paris est un village, et ces dames et ces messieurs, si ces dames sont vraiment du monde, ne peuvent pas ne pas s'y retrouver ?

— Mais c'est bien aussi ce qui arrive, me

répondait-elle... Seulement, personne ne s'en doute. Les femmes, bien entendu, ne disent rien. Les hommes, dans ces cas-là, sont toujours *épatants*, et, quant à moi, *je suis l'eunuque...* Mais on ne peut pas se douter de ce qui se passe quelquefois chez nous ! Quand je serai retirée, j'écrirai mes mémoires, et je crois qu'on s'amusera en les lisant... J'ai eu, l'année derrière, une petite femme d'ambassade, une étrangère, très gentille, un petit morceau de feu, et avec ça, vous allez rire, très naïve. Un jour, elle fait une *affaire* avec un monsieur, s'enthousiasme de lui, et l'invite, le soir même, à venir dans sa famille. Il y va, elle le présente à son mari, à son beau-père, à sa belle-mère... Elle finissait, il y a trois mois, par lui faire épouser sa sœur !... Dans ma maison, voyez-vous, les femmes du monde ont un merveilleux *alibi*, c'est le grand magasin qui est là. Elles laissent leur voiture ou leur automobile à la porte, entrent, ressortent, viennent chez moi, et sont censées faire des emplettes, pendant qu'elles font des *affaires*... Avant de prendre cette maison, je passais les étés à Aix, et j'y avais fait la connaissance d'une grande dame anglaise, dont le mari ne quitte pas son yacht. Elle est toujours elle-même en voyage, liée avec toutes les grandes familles d'Angleterre, et voit toute une partie de la haute société parisienne. Elle est l'amie des X..., des Y..., des Z... Il y a environ un an, elle s'est trouvée embarrassée, elle est venue me voir en passant par Paris, et je lui ai fait faire la connaissance d'un vieux protestant très généreux. Ce vieux protestant est horriblement sale, et vous lui donneriez deux sous si vous le rencontriez dans la rue, mais il est colossalement riche, y va toujours largement, et ne touche jamais aux femmes. Il aime seulement à causer avec

elles. C'est un vieux gâteux platonique...
Eh ! bien, une première fois, il a vu cette dame pour trois mille francs, mais sans savoir qui elle était. Puis, il a voulu le savoir, et j'ai tout de suite écrit à la personne pour lui demander si elle m'autorisait à le dire. Elle m'a immédiatement répondu qu'elle voulait bien y consentir, mais seulement s'il payait très cher... Il a payé, et lui donne maintenant tout ce dont elle a envie, depuis qu'il sait qui elle est. Il s'occupe de toutes ses affaires, il la conseille pour le placement de ses fonds, et l'a mise sur son testament... Elle me répète, toutes les fois qu'elle me revoit, qu'elle me doit la fortune, que je suis son ange, qu'elle ne l'oubliera pas, et qu'elle me donnera un jour la forte somme. Mais j'en suis toujours à l'attendre, et je n'en ai pas encore entrevu un sou...

A ce moment, on entendait de nouveau la sonnerie du téléphone, et la V... prenait l'appareil... Elle écoutait deux ou trois secondes, puis se levait, nous disait qu'on venait pour un rendez-vous, et nous priait de l'excuser...

. . . .
. . . .

Vous représentez-vous une maison de rendez-vous se faisant appeler le « Prieuré », et sans qu'on puisse d'ailleurs savoir pourquoi ? Vous figurez-vous le buste d'un ancien chef d'État, et d'un chef d'État tout particulièrement respectable, ornant le salon principal de la maison ? Pourquoi le « Prieuré » ? Pourquoi le buste ? Est-ce dans une intention dérisoire ? La patronne de la maison est la femme d'un marchand de meubles et d'antiquités. Le buste et la colonne qui le supporte sont-ils simplement des objets pris au hasard dans la boutique du mari ? C'est peut-être, pour le buste, toute l'explication. Mais pour le « Prieuré » ?...

C'est là, dans tous les cas, la maison de rendez-vous installée, faubourg Saint-Honoré, dans un grand immeuble à deux issues, et donnant sur deux rues parallèles par deux grandes portes cochères où des écriteaux et des plaques annoncent d'assez nombreuses industries. A en juger par les continuels coups de sonnette, plus ou moins amortis par les tentures, il paraît y avoir, chez la R..., un sérieux mouvement d'*affaires*: Les prix, d'autre part, y sont légèrement inférieurs à ceux des maisons précédentes. C'est encore le bon restaurant, mais ce n'est plus le grand cabaret, et la patronne, dans cet établissement singulier, n'est pas ce qu'il y a de moins curieux.

— Monsieur, me dit-elle en cherchant ses mots, et comme avec préciosité, pendant que les coups de sonnette se succèdent sourds et lointains, ici, nous sommes un cercle... Si vous pouviez, en ce moment pénétrer dans mes salons, vous verriez, dans les uns, des dames qui causent comme dans le monde, et dont quelques-unes ont même apporté leur ouvrage. D'autres préfèrent s'isoler, et lisent des journaux ou des revues. Toutes sont mes amies, et me témoignent la plus entière confiance. Des amis aussi, mes clients, et de véritables amis! On vient tout l'après-midi. On reste, on s'en va, on revient, on peut dîner si l'on veut, et le soir, entre nous, nous avons quelquefois des soirées littéraires. On y parle du dernier livre, on discute, on récite des vers, et plus d'un auteur dramatique, avant de présenter ses pièces, nous les a souvent lues ici... Surtout, croyez-le bien, je ne tiens pas du tout un endroit de débauche, mais un lieu de joli plaisir, un centre de relations libres, où se font des liaisons aimables, où l'on passe de bons instants, où l'on voit des sourires charmants, des figures avenantes, des lèvres fraîches, où la conversation est agréable, et où il est même permis de la pousser loin, mais où certaines limites, au moins dans les paroles, ne sont jamais dépassées. Jamais un mot grossier, monsieur!... Jamais! Jamais!... Je ne le supporterais pas... D'ailleurs, notre nom dit tout... On nous appelle le Prieuré...

La personne qui vous dit cela est une longue femme onduleuse, serrée dans une robe fourreau, avec une voix prenante et chantante. Elle a un très long nez, une figure d'une étroitesse bizarre, et, sur de tout petits yeux fins et myopes, verdâtres et mélancoliques, un binocle d'or à chaînette. Elle doit avoir une quarantaine d'années.

D'où vient-elle ?... Étant jeune fille, elle aurait eu un amant, et son père l'aurait chassée. Elle avait tous ses brevets, elle venait à Paris, s'adressait à un bureau de placement, et le placeur la plaçait comme lectrice chez une proxénète. Ensuite, elle passait en Angleterre, où elle était institutrice dans une famille, puis revenait à Paris, et retournait chez le placeur, qui la replaçait encore chez des procureuses. Elle y rencontrait, enfin, un homme qui lui proposait de l'épouser, celui-là même qui est l'antiquaire d'aujourd'hui... Toute cette existence, la R... vous la raconte en baissant légèrement la voix, derrière son lorgnon d'or, avec des mots choisis, précieux, et toutes sortes de détails romanesques : une fuite à la campagne à travers une forêt, une histoire de viol dans une chambre éclairée par une veilleuse, des impressions de mariage bizarres, des paysages, et des citations d'auteurs modernes dont elle vous parle comme sur un ton de camaraderie. Elle coupe à chaque instant ses phrases de ces parenthèses : « Comme dit X... » Ou bien :

« Selon le joli mot de Z... » Ou bien :
« Comme Y... l'écrivai. encore l'autre jour. »
Puis, au milieu de tout cela, des expressions de repentir sur le triste métier qu'elle fait, et de brusques explosions de remords profonds... Je lui demande pourquoi elle appelle sa maison le Prieuré ? Elle me répond qu'elle n'en sait rien. Je réclame les noms des auteurs dramatiques qui lisent leurs pièces aux soirées du Prieuré ? Elle se retranche derrière la discrétion. Je lui montre le buste de l'ancien chef d'État ? Elle est alors prise d'une gêne subite, et répond de façon évasive, comme s'il y avait un mystère... Est-elle sincère ? Simule-t-elle ?... Tantôt on dirait l'un, tantôt on dirait l'autre, et la plupart du temps les deux. On ne sait pas !

De plus en plus nombreux, pendant ce temps-là, les coups de sonnette se succèdent, toujours étouffés et sourds, dans les loin-

tains de la maison. Aucune « coursière »,
d'ailleurs, ne vient nous interrompre, et
dire à la patronne qu'on lui téléphone, lui
parler à l'oreille, ou lui faire signe d'une
portière. Le salon est assez grand, éclairé
d'un jour affaibli, et parfaitement bourgeois, avec des tableautins représentant des
paysages, et le buste de l'ancien chef
d'État, dont le noble et fier trois-quart vous
semble de plus en plus étrange en cet
endroit, à mesure qu'on l'y voit davantage... De temps à autre, on entend aussi de
vagues allées et venues, et je pose enfin à
la R... la question posée à toutes : « Avez-
vous des femmes mariées ? » Elle répond
affirmativement. J'ajoute : « En avez-vous
là ? » Elle réfléchit, répond encore par
l'affirmative, et je lui demande s'il nous
serait possible d'assister à leurs entrevues ?... Alors, elle nous déclare n'y pas
voir d'inconvénient, se lève, sort, reste un

instant absente, revient, nous prie de parler bas, va à l'une des portes du salon, l'ouvre, écarte sans bruit une portière placée derrière, et nous fait signe d'approcher.

Un instant après, comme nous l'avions déjà vu ailleurs, un monsieur entre. Il est ganté, son chapeau à la main. Environ cinquante ans. L'homme mûr paraît être le visiteur ordinaire des maisons de rendez-vous, et les gants semblent aussi faire partie de la tenue... Puis, une jeune fille assez jolie, brune, fluette, arrive l'air effarouché, très rouge, ayant comme envie d'éclater de rire.

Aussitôt, salut du monsieur qui lui décoche quelques mots un peu équivoques, mais sans grossièreté, et lui demande ensuite :

— Pourquoi riez-vous ?

Elle rit plus fort.

— Comment vous appelez-vous ?

Elle ne répond pas.

— Quel âge avez-vous ?

— Vingt et un ans.

— Et pourquoi venez-vous ici ?

Elle rit de plus en plus fort, et finit par répondre :

— Mais pour m'amuser.

— Et comment vous amusez-vous ?

Elle éclate de rire.

— Est-ce que vous êtes chez vos parents ?

Elle ne répond pas...

Ici, entrée brusque d'une sous-maîtresse, et disparition de la jeune fille, qui rit toujours en s'en allant...

Alors je demande à la R... :

— Quelle est cette jeune fille ?

— C'est la fille d'une employée dans une compagnie de chemin de fer.

— Et le père ?

— Il est mort.

— La mère sait-elle que sa fille vient chez vous ?

— Non... La mère est une très honnête femme, mais passe toute la journée à son bureau, et ne peut se douter de rien. Cette jeune fille a aussi deux frères, tous les deux mariés, également de très honnêtes gens, et qui ne savent rien non plus. Elle, elle n'a jamais rien voulu faire, ni apprendre aucun métier, et désespère sa famille, mais elle en est l'enfant gâtée. On lui fait bien la guerre à cause de sa paresse et de sa coquetterie, mais on est à cent lieues de soupçonner la vérité.

— Mais qui vous l'a amenée ?

— Une dame amie de sa famille, et qui fait des *affaires* dans ma maison.

— Est-ce qu'elle a bien vingt et un ans ?

— Passés.

— Elle n'a pas l'air de les avoir.

— C'est vrai, mais elle les a.

— Est-ce qu'elle tient beaucoup à l'argent ?

— Oui, mais elle ne sait pas encore en gagner, et on peut l'avoir pour très peu de chose... Cent francs, pour elle, c'est le Pérou !

— Qu'est-ce qu'elle peut bien faire de ce qu'elle gagne ?

— Je le lui garde.

—Et depuis combien de temps vient-elle chez vous ?

— Depuis un mois...

Au bout d'une minute ou deux, on frappait un petit coup discret à une autre porte du salon, et la R.... nous disait, en nous demandant le silence :

— Venez... Vous allez en voir une autre...

Toujours même cérémonial. D'abord le petit salon vide. Ensuite, entrée d'un homme grave et mûr. Puis, apparition de la personne. Cette fois, seulement, c'est presque une grosse dame. Grande, forte, fraîche, rebondie, avec des dents magnifiques, et l'air un peu bête, elle paraît avoir la trentaine.

— Monsieur...

— Comment vous appelez-vous, madame ?

Léger sursaut de la dame qui répond avec susceptibilité :

— Je pense que vous ne demandez que le petit nom ?

Excuses du monsieur, qui s'incline et proteste :

— Oh ! Madame... Bien entendu !

— Eh ! bien, Lucie.

— Vous êtes mariée ?

Nouveau sursaut de la dame, et réponse encore plus sèche :

— Oui, monsieur.

Bouche en cœur du monsieur, qui demande avec finesse :

— Est-ce que vous avez un amant ?

Troisième sursaut de la dame, qui riposte, presque furieuse :

— Non, monsieur... Une liaison, c'est trop gênant !

Et la dame s'est déjà levée pour sortir, au moment où paraît la sous-maîtresse...

— Rien de fait avec celle-là, nous dit la R...., elle est bête !

— Et qui est-elle ?

— La femme d'un voyageur de commerce.

— Est-ce que son mari se doute de quelque chose ?

— Absolument de rien !... Il voyage tout le temps.

— Mais l'argent ? Il ne lui demande pas d'où il vient ?

— Tout passe dans ses toilettes. Elle ne pense qu'à ça ! Elle vit pour s'habiller, et lui dit simplement qu'elle a payé cent francs ce qui lui en a coûté cinq cents. Elle est toujours censée avoir trouvé une occasion.

— A-t-elle des enfants ?

— Deux petits garçons qui sont au lycée... Mais attendez... J'ai à vous en montrer deux autres... On doit encore nous prévenir...

En effet, au bout de quatre ou cinq minutes, on frappait encore un petit coup, nous allions à la porte, et j'étais tout surpris de voir entrer une petite femme à l'air triste, très jeune, mais laide, mal mise, avec des gants déchirés, portant une petite sacoche de cuir noir à quarante sous, humble, gênée, et ayant dans les yeux quelque chose d'équivoquement suppliant... Le monsieur la regardait tout ahuri, et la malheureuse en était encore plus embarrassée. Puis, il lui posait cinq ou six questions vagues, comme il aurait pu le faire à une bonne que lui aurait envoyée le bureau de placement, et dont il se serait débarrassé avec des défaites...

— Cette pauvre fille me fend le cœur, nous dit la R.... lorsque la sous-maîtresse eût coupé court à cette pénible entrevue, mais je n'ai pas encore trouvé le courage de lui conseiller de rester chez elle... C'est la femme d'un petit employé de banque, et je soupçonne son mari, non seulement de savoir qu'elle vient chez moi, mais de la forcer à y venir. Elle passe ses journées ici, elle veut absolument qu'on la présente, personne ne veut d'elle, et elle revient toujours, toujours avec le même air. Elle fait peut-être une *affaire* toutes les trois semaines...

Nouveau petit coup destiné à nous avertir... Nous retournons encore à la porte, et la personne, cette fois, n'a rien de mélancolique. Pas laide, pas jolie, originale, avec une bouche et des yeux gais, un teint frais, une figure d'une asymétrie piquante, elle a l'air d'un petit pantin. Seule, de toutes celles que nous avons vues, elle n'est pas en toilette de visite. Elle arrive en cheveux, sans chapeau, sans gants, en corsage, et dit tout de suite bonjour au client, qui est toujours un homme d'un certain âge, et toujours d'aspect correct. Il lui pose toujours aussi les mêmes questions insipides, comme si elles étaient prises dans un manuel, mais elle en coupe la sottise par des ripostes cyniques qui claquent comme des coups de raquette.

— Bonjour, monsieur !

— Bonjour, madame... Et comment vous appelez-vous ?

— Suzanne...

— Vous êtes mariée ?

— Hélas !

— Vous avez un amant ?

— Parfaitement

— Et vous venez ici ?

— Vous voyez !...

— Souvent ?

— Toutes les fois que j'ai une minute...

Apparition de la sous-maîtresse avec qui le monsieur reste à parlementer, et sortie de la petite femme qui s'en va comme dans une pirouette...

— Eh ! bien ? nous demande la R.... Elle est drôle, n'est-ce pas, celle-là ?... Elle plaît énormément... C'est une petite femme *d'une mentalité* tout à fait amusante. . Elle a déjà été mariée et divorcée deux fois, s'est remariée une troisième, vient encore de quitter son troisième mari, plaide une troisième fois en divorce, s'est mise avec un amant qui lui donne mille francs par mois, et vient encore ici, avec tout ça, trois ou quatre fois par semaine. Elle a un succès fou, gagne tout l'argent qu'elle veut, et n'a jamais le sou. Tout à l'heure, elle est encore tombée ici comme un boulet, en me disant qu'elle venait d'acheter des fauteuils d'osier pour sa serre, qu'elle les attendait pour demain, qu'elle n'avait pas le premier centime pour les payer, et qu'il lui fallait absolument faire *une affaire*. Elle a ôté son chapeau, sa jaquette, s'est installée dans un salon, s'est mise à bavarder, et répète, à chaque coup de sonnette : « Tenez, voilà mes fauteuils d'osier qui sonnent ! »...

Je demandais à la R..., après ce défilé :

— Avez-vous des étrangers dans votre clientèle masculine ?

— Beaucoup, me répondait-elle, et surtout des Anglais. Les maisons de rendez-nous sont interdites à Londres, et ils viennent à présent dans celles de Paris. Le voyage n'est pas long, et ils l'ont vite fait... Seulement, ils veulent toujours des mineures, et je ne peux pas leur en donner.

— Vous n'en recevez pas?

— Jamais.

— Mais est-ce qu'il ne vient pas s'en proposer ?

— Plus maintenant... On sait que je les refuse, et il ne m'en vient plus. Mais il m'en venait encore il n'y a pas longtemps, et il me venait même des mères pour me proposer leurs petites filles !

— Est-ce qu'il vous en venait beaucoup ?

— Encore assez.

— Mais de quels milieux sortaient-elles ?

— D'abord, du monde même de la galanterie... Le plus grand nombre appartenait à ce milieu-là, et ce n'est même pas toujours une idée très heureuse de vouloir relever par la maternité les cocottes qui ont des enfants. Il y a des exceptions, mais en règle générale, quand les cocottes ont des petites filles, elles les aiment un peu comme des petits chiens. Elles les caressent, les attifent, les couvrent de rubans, et les vendent, à la première occasion, dès qu'elles ont seulement dix ou douze ans. Mais il n'y avait pas toujours que les cocottes pour m'amener ainsi leurs fillettes, il y avait aussi des femmes d'ouvriers, et même quelquefois des femmes d'une certaine classe.

— Des femmes d'une certaine classe qui vous amenaient leurs petites filles ?

— Oh ! parfaitement... Des mères dans l'embarras... Après des revers de fortune... Des veuves ruinées... Ça n'est pas fréquent, mais ça se voit.

— Et des étrangères ? En avez-vous ?

— Beaucoup aussi, et c'est même un hasard que vous n'en ayez pas vu tout à l'heure. En général, j'en ai toujours. Des Allemandes, des Italiennes, des Espagnoles, des Belges, des Américaines, et je suis même assassinée d'étrangères laides, qui arrivent depuis quelque temps par masses, de tous les côtés et que je suis obligée de refuser. Je crois que tout le mouvement des maisons de rendez-vous du monde entier, depuis qu'on les ferme ailleurs, se porte maintenant chez nous, et toutes ces étrangères m'inquiètent même toujours un peu. Je ne les aime pas! On leur demande bien d'où elles viennent, elles vous le disent bien, mais il est impossible de le contrôler. Il y en a cependant dont je suis sûre. Ainsi, j'ai en ce moment la fille d'un chef de gare allemand, et je sais vraiment où est son père. J'ai également une Américaine que je connais depuis trois ans. Elle venait chez moi comme jeune fille, et a tout avoué à son mari en l'épousant. Elle est revenue depuis à la maison, mais elle demande beaucoup plus cher.

— Mais comment toutes ces étrangères connaissent-elles votre établissement ?

— Par certains interprètes des hôtels et des restaurants.

— Vous ne mettez jamais rien dans les annonces et dans les petites correspondances des journaux ?

— Dans les journaux, jamais rien !... J'ai bien fait paraître, à un moment, un petit journal illustré, mais c'était un journal personnel, et pour ma maison seule. Je l'envoyais sous enveloppe, et c'était moi qui le rédigeais.

— Comment s'appelait-il ?

— *La Parisienne.*

— Comment était-il ?

— Tout petit. Quatre pages sur joli papier, avec de jolies vignettes. Le joli petit format des petites bibliothèques de luxe.

— Et vous ne le publiez plus ?

— Non, il ne me rapportait pas ce qu'il me coûtait.

Et elle nous racontait cette histoire où se trouvait encore indiqué l'un des moyens par lesquels pouvait se recruter sa clientèle féminine :

— Il m'est arrivé, il y a deux mois, une jeune dame Russe, assez jolie, et qui m'était envoyée par sa domestique. Son mari, qui est fonctionnaire en Russie, ne lui écrivait plus depuis très longtemps. Elle avait beau lui envoyer lettre sur lettre, il ne lui répondait pas. Elle avait écrit à d'autres personnes pour tâcher de savoir ce qu'il était devenu, mais ces personnes ne lui répondaient pas non plus. Elle se demandait s'il n'était pas mort, si on ne l'avait pas assassiné, et se trouvait absolument sans argent... Alors, sa bonne, qui avait servi chez moi, et qui la voyait ne sachant plus que faire, n'ayant plus de quoi manger, et ne voulant pas retourner en ce moment-ci dans son pays, lui avait dit, en lui donnant mon adresse, et sans autre explication : « Mon Dieu ! Madame, je connais bien une dame

qui pourra peut-être s'occuper de vous.
Dans tous les cas, elle vous donnera toujours des conseils. Elle est très bonne, très complaisante, elle vous tirera d'affaire si vous le voulez... » Et je vois arriver la Russe. Elle me raconte pourquoi elle vient, qui est son mari, l'embarras où elle est, et qui lui a parlé de ma maison. Naturellement, je la suppose au courant, et je lui dis qu'en effet je peux lui louer une chambre, qu'elle prendra ses repas à la table d'hôte, que je lui ferai faire des *affaires*, et que nous réglerons à la fin du mois. Elle accepte, je lui donne un appartement, et elle s'y installe en me remerciant beaucoup... Seulement, elle n'en sortait jamais. Elle en descendait pour les repas, y remontait, et ne le quittait plus... Au bout de trois ou quatre jours, je finissais par lui dire : « Mais, madame, si vous voulez faire des affaires, il faudrait cependant vous remuer un peu,

et ne pas toujours rester dans votre chambre !... Comment voulez-vous que je vous présente, si vous ne bougez pas de chez vous ? » Alors, elle se mettait à sourire, et me répondait simplement, avec un air un peu drôle : « Bien, madame, je ne remonterai plus, je resterai en bas, et vous me direz ce qu'il faut faire. » En effet, elle ne remontait plus chez elle, je la présentais à mes amis comme vous leur avez vu présenter d'autres dames, ils étaient enchantés d'elle, et, à la fin du mois, je lui réglais son compte. Je lui retenais le prix de la pension sur la somme qui lui revenait, et elle m'avait encore beaucoup remercié, quand tout à coup, deux ou trois jours plus tard, elle m'annonçait qu'elle avait enfin reçu des nouvelles de son mari, et qu'il arrivait la chercher ! Puis, elle me disait, en même temps, qu'elle n'avait pas bien vu, d'abord, en arrivant chez moi, dans quelle maison elle était entrée, mais que cela ne faisait rien, que je l'avais tirée d'embarras, qu'elle m'en était très reconnaissante, et qu'elle me suppliait seulement de ne rien laisser soupçonner à son mari. Elle me demandait de tout arranger de façon à lui faire croire, au moment où il viendrait la prendre, qu'elle se trouvait dans une pension de famille...

. . . .

Quelques instants après, la R... était encore retombée dans ses confidences et ses épanchements romanesques, et nous ouvrait les aperçus les plus étranges sur les étourdissements que certains clients venaient chercher dans ses salons. L'un y pleurait près d'elle sur les infidélités de sa maîtresse, un autre sur celles de sa femme, et s'en consolaient, l'un et l'autre, par les consolations de la maison. Des pères de famille venaient même, à l'entendre, lui confier les soucis que leur causaient les folies de leurs fils, et des veufs désespérés ne pouvaient trouver que chez elle la diversion réclamée par leur chagrin !

Puis, baissant tout à coup la voix :

— Je sais bien le métier que je fais, je fais tout ce qu'il y a de plus bas, et j'ai des remords, oui, j'en ai, et surtout depuis que je suis riche... Mais je purifierai ma vie, et mon testament est fait... Je fonderai, en mourant, une rente pour deux vieillards...

Là-dessus, nous nous levons pour nous en aller, et elle me glisse alors à part, derrière son binocle d'or :

— Maintenant, monsieur, que je vous dise un tout petit mot... Si jamais vous avez besoin de mes services, comptez sur ma discrétion !...

. . . .

CHAPITRE VI

FIN DE L'EXCURSION

D'autres maisons m'en auraient-elles appris beaucoup plus ? Je ne le crois pas, et nous pouvons deviner le reste... Mais que pensait mon guide ?... C'était ce qu'il fallait aussi savoir. Déjà questionné sur la sincérité et la véracité des matrones, il avait fait ses réserves, mais sans me dire son dernier mot, et je lui posais une fois de plus la question :

— Que faut-il croire dans ce qu'elles disent ?

Il me répondait alors :

— Ce qu'il faut croire ? C'est assez difficile à expliquer, mais je vais cependant essayer... D'abord, vous avez dû remarquer leur unanimité sur certains points, et leurs contradictions sur d'autres. Eh! bien, il ne faudrait, ni trop vous fier à l'une, ni trop vous méfier des autres. Elles ne disent pas toujours la vérité, même en étant unanimes, et la disent quelquefois, même en ne l'étant pas. Toutes, en effet, et voilà ce qu'il faut bien commencer par comprendre, elles sont portées à tomber dans les inventions et les exagérations destinées à faire mousser leur commerce. Elles *bonimentent* toutes en faveur de leur maison. Elles amplifieront donc toutes forcément un peu de la même façon, et non seulement avec vous, mais avec tout le monde, et même avec la Police. Tout en lui étant très soumises, et en sachant fort bien qu'il ne faut pas trop lui en conter, elles essayent, même à elle, de lui *monter des bateaux*. Malgré tout, cependant, et en ayant bien soin de faire la part du faux, elles ne vous ont pas trop fortement trompé, même là où elles ont paru se contredire. Elles se sont simplement trouvées, en ce cas, dans des circonstances différentes.

— Mais dans quelle mesure ont-elles menti, et dans quelle mesure ont-elles dit vrai ? Quelle est la vérité exacte sur les femmes mariées ?... La sait-on ?... Quel est, là-dessus, l'avis de la Préfecture ?

— Eh ! bien, la Préfecture en a deux, ou plutôt on en a deux dans ses bureaux... D'après une opinion, qui a d'ailleurs peu de partisans, les femmes du monde et les femmes mariées dans les maisons de rendez-vous sont un pur conte bleu. On est bien obligé d'admettre qu'il y en a, puisqu'on possède leurs dossiers, et que ces dossiers sont sérieux ; mais on les considère comme des exceptions sans portée, et les dossiers qu'on a, ou qu'on avait encore il y a quelque temps, ne peuvent pas, en effet, compter comme nombre. Maintenant, d'après une autre opinion, les femmes mariées et les femmes du monde qui vont dans les maisons de rendez-vous ne sont pas du tout une fable, et n'y représentent pas seulement des exceptions, mais un tant pour cent dans le personnel de ces maisons.

— Et le tant pour cent ?

— Cinq pour cent d'après les uns, et dix pour cent d'après les autres.

— Et d'après vous ?

— Plutôt cinq pour cent, et c'est déjà bien joli... Mais il est presque impossible d'arriver à une certitude, en dehors même de ce qu'il y a de forcément embrouillé dans une question comme celle-là. Il y a des quantités de ménages se disant mariés, et qui ne le sont pas. On ne se figure pas le nombre des « Mme Une Telle », vivant effectivement avec « M. Un Tel », se faisant appeler de son nom, et qui ne sont pas cependant « Mme Une Telle ». Elles se donnent pour mariées, et on les croit souvent mariées, mais elles ne l'ont jamais été, ce sont de simples unions libres, et le cas se présente à chaque instant pour les maisons de rendez-vous. Constamment, une personne vient y faire une *affaire*, et se présente à la proxénète. La proxénète, naturellement, lui demande son nom, son âge et sa position sociale. La personne se déclare mariée, la Police croit avoir des raisons d'aller aux renseignements, et qu'apprend-on ? Que la femme se dit bien mariée, qu'elle se fait bien passer pour l'être, qu'elle vit bien avec un monsieur passant pour son mari, et qu'elle est bien comme mariée pour ses concierges, ses fournisseurs et son propriétaire, mais qu'en réalité elle ne l'est pas, que son acte de mariage n'existe pas, et qu'elle serait bien en peine de le produire. Évidemment, cette femme-là n'est pas une professionnelle, ni une cocotte, ni même positivement une femme entretenue. C'est une déclassée, une irrégulière, une femme libre, c'est tout ce que vous voudrez, mais ce n'est pas une femme mariée. Or, cette femme-là n'entre pas seulement pour cinq ou dix pour cent dans le personnel des maisons de rendez-vous, mais pour cinquante ou soixante pour cent, pour la moitié, peut-être pour les deux tiers, et c'est même tout exprès pour elle que la maison de rendez-vous est faite! A la moindre gêne, au moindre besoin d'argent, surtout à la moindre scène de ménage et à la première perspective d'abandon, elle est tout de suite chez la matrone, et la matrone la donne d'autant plus facilement au client pour une femme mariée qu'elle est souvent la première à le croire... De même, ou à l'inverse, il y a un certain genre de femme légalement mariée et qu'on ne peut pas non plus considérer comme une véritable femme mariée, c'est la femme qui se marie pour exploiter son état de femme légitime dans son métier de prostituée. Or, celle-là aussi, la proxénète vous la fournit toujours comme femme mariée, bien que raisonnablement elle n'en soit pas une... Essayez donc déjà de vous y retrouver, entre ces femmes qui passent pour des femmes mariées tout en ne l'étant pas, puis celles qui le sont légalement tout en l'étant encore moins, moralement, que d'autres qui ne le sont pas légalement, puis enfin celles qui le sont sérieusement, à à la fois moralement et légalement... Néanmoins la véritable femme mariée, celle qui en a bien vraiment la situation, qui est bien vraiment une bourgeoise ou une mondaine, entre bien certainement pour environ cinq pour cent dans le personnel des matrones, mais pas pour plus, et un pareil contingent, je le répète, est déjà énorme! Non pas pour le chiffre relativement faible qu'il représente, mais pour ce qu'il indique d'inconnu. Car il en est évidemment de la prostitution des maisons de rendez-vous comme des maladies constatées dans les hôpitaux. Quand on y compte cent cas de fièvre typhoïde, il y en a bien d'autres en ville. Si vous constatez de même cinq pour cent de femmes mariées ou du monde dans les personnes à tant la « passe » des établissements à la mode, c'est qu'il se fait ailleurs, dans bien d'autres endroits, bien d'autres « passes » du même genre !

— Mais c'est à peu près, en somme, ce que déclarent certaines patronnes ?

— Oui et non, et, dans tous les cas, seulement certaines d'entre elles, puisque d'autres prétendent avoir chez elles une cinquantaine de femmes mariées !... Cinquante femmes mariées chez une seule proxénète, c'est de la fantasmagorie ! Cinquante femmes vivant maritalement, oui, mais pas cinquante femmes mariées, et vous voyez même tout de suite, par là, de quelle façon les matrones exagèrent. Elles exagèrent en masse, comme ensemble, elles voient triple, et confondent, par besoin de réclame, et sciemment ou non, les vraiment mariées et les soi-disant mariées. Mais vous les faites revenir à la réalité, dès que vous précisez un peu, et vous en avez eu un exemple chez la V..., dans l'incident de la carte de visite. On lui apporte devant nous la carte d'une personne qui prend le titre de comtesse, et son premier mouvement est de vouloir nous la faire prendre pour une comtesse véritable, parce que la carte est comme une carte de femme du monde. Puis, sur la simple observation qu'une comtesse authentique prendrait probablement plus de précautions, elle n'insiste pas, et convient que cette comtesse, malgré certaines apparences, pourrait bien en être une fausse.

Si nous avions suivi la personne, et si nous étions allés, en sortant de là, vérifier son domicile, dans cette rue aristocratique des Champs-Élysées où elle demeure, nous aurions peut-être même découvert qu'elle y habitait simplement une pension de famille... Mais les matrones, néanmoins, et quoiqu'elles exagèrent, ou même quoi qu'elles inventent, n'ont pas toujours ainsi chez elles que de fausses femmes du monde, et il est parfaitement exact qu'elles en ont aussi quelquefois de vraies. Ce n'est pas courant et ce n'est même pas fréquent, mais enfin elles en ont tout de même... Seulement, et voilà encore une de leurs manières de maquiller la situation, elles ont beau avoir des femmes mariées, ou faire croire qu'elles en ont quand elles n'en ont pas, leurs maisons ne sont pas toujours absolument les salons qu'elles prétendent, bien qu'elles le prétendent à l'unanimité. La correction, le bon ton, l'agence agréable de liaisons libres, l'endroit de rencontres élégantes, le lieu de conversations aimables où jamais n'est prononcé un mot malsonnant, tout cela, c'est l'étiquette, la façade, et le prospectus de la maison ! Ce sont les deux ou trois minutes de ces entrevues préliminaires auxquelles nous avons assisté, et où les patronnes ont toujours peur de laisser les contractants une seconde de trop ensemble... Mais il faudrait voir le reste... La Maison de rendez-vous, même la plus élégante, ne s'en tient pas toujours à l'élégance, et là, elles ont toutes plutôt gazé, et même fortement... Lorsqu'elles vous représentent les femmes comme venant uniquement chez elles pour faire des *affaires*, sans préoccupations passionnelles, sans vice, pour l'argent seul, et rien que pour l'argent, c'est vrai, et elles sont dans la stricte exactitude ! Oui, la Maison de rendez-vous est bien positivement, pour une femme, un établissement de crédit d'une espèce particulière. Soit habituellement, soit occasionnellement, à quelque classe de la société qu'elle appartienne, et dans toutes les conditions de facilité et de discrétion possibles, elle peut toujours y trouver la somme d'argent dont elle a tout de suite besoin, depuis les cinquante francs ou les cent francs de la petite affaire jusqu'aux trois ou quatre mille francs de la grosse, contre un nantissement qui est sa personne. Ici, rien à reprendre, et la Maison de rendez-vous n'est même absolument que ça ! Mais, à côté de la femme, dont l'exclusive préoccupation est l'argent, et qui est de plus en plus froidement disposée à tout pour s'en procurer, il y a l'homme, le client, et l'homme, lui, assez souvent, arrive dans la maison avec les exigences les plus bestiales. Le vice des hommes, aujourd'hui, est devenu effrayant. Malgré tout ce qu'on croit savoir, il dépasse de beaucoup tout ce qu'on peut imaginer, et cela partout, dans tous les mondes, sous toutes les formes, et de toutes les manières ! Voilà, il faut bien le dire, le véritable fléau, et peut-être même le seul, celui dont on parle le moins mais qui serait le plus à dénoncer, dans toutes ces questions de mœurs et de réglementation dont on parle tant ! Voilà sur quoi vivent des quantités d'industries et d'industriels ! Certains journaux, depuis leur titre jusqu'à la signature du gérant, ne publient exclusivement que des annonces de prostitution, et pour tous les vices, pour toutes les aberrations. Et ils ont des tirages considérables, ils paraissent au grand jour, au grand soleil, ils font vivre eux-mêmes toute une multitude, tout un pullulement de petites « boîtes » ignobles, et ne sont jamais sérieusement inquiétés ! Vous connaissez même de grands organes quotidiens, lus par tout le monde, que tout le monde reçoit, qu'on laisse traîner chez soi, et où des pages entières de petites correspondances ne sont, de la première ligne à la dernière, que de la prostitution, et de la plus grosse prostitution. Au moyen de « clés », consistant à mettre les lettres des mots à rebours, et faciles à trouver par conséquent, ces journaux qui circulent dans toutes les mains en sont même arrivés à publier des choses tellement dégoûtantes, tellement immondes, qu'elles dépassent en ordure toutes celles qui se vendaient autrefois en cachette. Et tout ça court dans le public comme de simples annonces d'hypothèques ou de maisons à louer ! Les dénonciations, les plaintes des gens que toutes ces immondices révoltent, arrivent même continuellement dans les bureaux de la Police...

— Et on ne poursuit pas ?

— Presque jamais... La Police signale les

annonces délictueuses et fournit les « clés »
au Parquet ; mais le Parquet ne bouge pas,
ou s'arrête toujours en chemin... Et si ce
n'était encore que les publications de journaux, mais il y a sussi les dioramas ciné-
matographiques, où les tableaux sont de
plus en plus obscènes ! Et toutes ces drogues
bizarres, tous ces traitements extraordinaires, tous ces reconstituants étranges et
tous ces excitants annoncés partout et toujours pour les hommes, pour ceux qui veulent se rajeunir ou se fouetter le tempérament ! Ce qu'il y a maintenant de charlatans, et dans la clientèle de ces charlatans,
ou même dans celle des médecins sérieux,
ce qu'il y a d'hommes épuisés et plus ou
moins âgés, qui viennent chercher à se re-
faire, afin de pouvoir continuer ou recommencer, est véritablement inouï ! C'est incroyable, c'est à ne pas pouvoir se le figurer,
et on n'en finirait pas, s'il fallait tout énu-

mérer. La dépravation et le cynisme deviennent positivement de la folie, et le soir, en pleine voie publique, dans certains quartiers, il se donne même des représentations au naturel. Sous les arbres, dans les Champs-Élysées, à la lumière des réverbères, vous pouvez voir se former des groupes, comme ceux qui se forment dans les foires, ou devant les cafés des boulevards, autour des faiseurs de tours ou des acrobates. Ce sont tout simplement des scènes ignobles qui se passent tranquillement là en plein air, à ciel ouvert, sur la plus belle promenade de Paris, avec des assistants qui regardent comme ils regarderaient les expériences d'un hercule ou d'un marchand de pâte à rasoir! Un individu fait le guet pour avertir si la police arrive, et les autres, pendant ce temps-là, font le cercle autour du spectacle!... On raconte que la prostitution des petites filles remplit Paris, et ce n'est pas vrai. Il y a, assurément, dans certaines classes inférieures, très peu de moralité parmi les petites filles, parce qu'il y en a très peu chez les parents. Ainsi, vous voyez couramment des marchandes de journaux ou des libraires vendre des livres ou des images pornographiques, et faire tenir par leur fillette le kiosque ou la boutique où elles les vendent. De même, dans beaucoup de maisons, la concierge n'empêchera pas sa petite fille de monter son courrier au locataire qu'elle connaît pour un vieux satyre, et la laissera même s'attarder chez lui, dès l'instant que la loge en retire de petits profits. Ou bien encore, dans certains faubourgs, une bonne partie de la population vit littéralement à l'état sauvage, dans une promiscuité où l'idée de respecter les enfants n'existe même pas. Tout cela est sans doute très immoral, et prépare les fillettes à la prostitution, mais n'est pas cependant de la prostitution saisissable et punissable, et la prostitution des petites filles, je le répète, est encore très rare chez nous. Mais ce qui est devenu très commun, c'est la fureur des hommes à pourchasser les mineures, et les mineures qui n'ont pas l'âge, c'est leur acharnement à vouloir s'en procurer. C'est immonde, mais c'est ainsi! Vous rencontrez des messieurs à l'air fort bien, et dont l'extérieur n'a absolument rien de suspect. Jamais un agent n'aurait l'idée de les surveiller. Vous n'en verrez pas moins pourtant ces hommes-là aborder carrément dans la rue les mères ou les bonnes qui se trouvent avec des enfants, pour leur faire des propositions, et les propositions les plus brutales, à propos même des enfants. L'aventure est encore arrivée dernièrement à la femme d'un fonctionnaire. Elle promenait sa petite fille, quand un monsieur la lui a demandée dans les termes les plus ignoblement crus. Elle en a ressenti un tel saisissement qu'elle a failli en perdre connaissance... Quant à ce que certains consommateurs disent en plein boulevard aux petites bouquetières, sur les terrasses des cafés, à la façon dont ils les interpellent, aux réflexions qu'ils font tout haut derrière elles, ça n'a même plus d'importance, c'est admis! Eh! bien, malgré tout cela, la prostitution des enfants n'existe encore à Paris qu'à l'état exceptionnel, mais ce n'est pas la faute des hommes si elle n'est encore que l'exception, et c'est uniquement parce qu'ils la recherchent que vous voyez les trottoirs envahis par toutes ces nuées de fausses fillettes! Ce sont, en réalité, des filles en carte, qui ont même quelquefois trente-cinq et quarante ans, mais qui se griment et se déguisent ainsi en fillettes afin de répondre à la demande, parce que la fillette est demandée, et cette fureur des petites filles se retrouve naturellement dans les maisons de rendez-vous...

— Mais on leur défend les mineures ?

— Très sévèrement, et les petites filles à plus forte raison. Les patronnes ont l'ordre formel, non seulement de n'avoir chez elles ni enfants, ni mineures, mais encore de prévenir l'administration toutes les fois qu'on leur en propose. On n'en trouve donc pas chez elles, et elles ne pourraient même pas en avoir, si elles le voulaient. Les autres femmes de la maison, pour qui la mineure serait une concurrente redoutable, enverraient immédiatement des dénonciations, et les lettres anonymes pleuvraient à la Préfecture. Mais, si les patronnes des maisons de rendez-vous ne peuvent pas ainsi avoir de fillettes, les hommes ne leur en demandent pas moins, comme ils en demandent partout, et les patronnes, naturellement, font aussi comme partout, elles leur en donnent de fausses, faute de pouvoir en donner de vraies ! Elles ont toujours en réserve deux ou trois femmes de petite taille, en jupe courte, avec une natte dans le dos, et qui sont même généralement à transformations. Un tour de coiffure, un cordon lâché, et voilà la petite fille redevenue une femme. Un autre tour de coiffure, un cordon tiré, et la femme est redevenue une petite fille ! Ce n'est pas illégal, c'est ingénieux, et les matrones, au bout du compte, fournissent ainsi la fausse petite fille, comme elles fournissent déjà la fausse femme mariée et la fausse femme du monde. Elles tiennent les deux illusions... Seulement, avec la fausse petite fille, nous ne sommes vraiment plus tout à fait dans un salon, un cercle élégant ou un simple lieu de conversation aimable, et nous voilà loin de ce bon ton qu'elles aiment tant à nous vanter comme étant celui de leurs maisons ! Elles ont toutes à la bouche les mots de «correct» et de « correction », comme celui d' « amis » en parlant de leurs habitués ; mais leurs « amis », précisément, sont aussi quelquefois de ces enragés de vice qui ne viennent pas du tout chez elle pour y trouver un salon ! Leur rage, il est vrai, consiste assez souvent à se donner l'illusion de posséder une mondaine ou une bourgeoise, ou même à les avoir ; mais d'autres ne s'en tiennent pas là, ils réclament des piments encore plus violents, et comme on ne refuse pas leur argent, tout en le prenant avec plus de formes que dans les établissements plus grossiers, il faut bien au moins faire semblant de leur fournir ce qu'ils demandent.

— Mais est-ce que les femmes mariées...

— Se griment en mineures ?

— Oui.

— On ne sait pas, mais les patronnes, évidemment, connaissent leur clientèle, et ne donnent pas une femme mariée ou une femme du monde, quand elles en ont une, à n'importe qui. Malgré tout, cependant, il y a, à l'occasion, des scènes assez vives, et toutes les proxénètes ont dans leur carrière des histoires de femmes mariées, ou seulement soi-disant mariées, qui viennent leur reprocher, avec indignation, de les avoir présentées à un homme très mal élevé.

— Et que fait alors la proxénète ?

— Elle arrange l'affaire, en ménageant soigneusement les deux amours-propres, et sans donner tort ni à la femme, ni au monsieur... Avant tout, d'abord, elle évite le bruit, et tout se passe toujours très diplomatiquement... Seulement, malgré toute la diplomatie déployée, on n'est plus tout de même ici non plus dans un salon, ni dans cette fameuse correction dont elles ne cessent pas de vous parler.

— A-t-on souvent à faire des descentes de police ?

— Dans les grandes maisons, presque jamais... Chaque patronne raconte bien qu'on en opère chez les autres, mais c'est par esprit de concurrence et de malveillance, comme elles font également courir le bruit, si l'une d'elles donne une soirée, qu'on y a volé des couverts.

— C'est de plus en plus le ton des salons !

— Oui... En résumé, la Maison de rendez-vous est à peu près la Maison de tolérance, mais c'est la Maison de tolérance dissimulée, qui se défend de l'être, qui prétend à une respectabilité, et dont le but est de se mettre, si c'est possible, à la portée de toutes les femmes... Voilà pourquoi les matrones cachent ou gazent avec tant de soin tout ce qui pourrait par trop faire confondre leurs maisons avec d'autres, et pourquoi elles ne vous ont pas tout dit non plus sur les étrangers et les étrangères qui les envahissent.

Elles vous en ont bien touché quelques mots, mais avec modération, car elles ont à soutenir là une véritable invasion, et une invasion qui manque souvent aussi de formes.

— Mais cette invasion-là n'a-t-elle pas toujours existé ?

— Jamais autant qu'à présent, et c'est peut-être bien, comme le disait l'une des patronnes, en raison même de la suppression des maisons de rendez-vous à l'Étranger. C'est, en effet, précisément depuis cette époque que le nombre en a autant augmenté à Paris. Une certaine partie des hommes et des femmes attirés par les maisons anglaises ou allemandes peut fort bien s'être rabattue ici, et la T... M... en nous parlant des Lords qui font tout exprès le voyage pour venir chez elle, ne doit se vanter qu'à moitié. Vous avez même encore là un exemple de la façon dont elles exagèrent, tout en disant la vérité. Ce ne sont probablement pas toujours des Lords qui viennent la voir, mais il est très possible que certains Anglais riches, privés maintenant de maisons à Londres, ne regardent pas à venir en retrouver jusqu'à Paris, et ce qui est absolument certain, c'est que l'étranger et l'étrangère pullulent à présent dans les maisons de Paris comme ils n'y ont jamais pullulé. On n'y voit plus que des Belges, des Allemandes, des Autrichiennes, des Américaines, peu d'Anglaises, mais en revanche énormément d'Anglais. L'Anglais donne en masse, et il a effectivement le goût des petites filles. C'est même un peu lui qui semble nous l'avoir communiqué, car il venait déjà s'approvisionner de mineures chez nous, et même en prendre de force, pendant la guerre des Boers. On ne se doute pas de ce qu'il est alors parti de Paris de filles de moins de vingt ans à destination du Transvaal, pour les besoins de l'armée anglaise. Partout où l'on recrute pour la prostitution, on n'entendait plus parler alors que du Transvaal, et des agents anglais avaient organisé de véritables entreprises d'enlèvement. Ils promettaient, à de petites ouvrières, des engagements de chanteuses ou de danseuses plus ou moins lucratifs pour de soi-disant théâtres du Cap, les emmenaient, et, une fois rendues, les mettaient simplement dans les maisons publiques montées à l'intention des Anglais. Il y eut même à ce moment-là, à Paris, des arrestations de traitants dans des hôtels garnis d'où ils allaient partir avec leurs troupeaux de prétendues artistes dont les plus âgées avaient entre seize et dix-huit ans, et on apprenait, au procès, qu'ils touchaient deux mille francs par jeune fille amenée là-bas. Il y avait un médecin affilié à l'association, et chargé de voir, avant le départ, si les chanteuses étaient saines. Il leur faisait croire qu'on examinait ainsi tous les passagers, pour les soigner d'avance contre les mauvaises fièvres, dans le cas où ils en auraient eu le germe! Il faut donc croire que cette passion de la mineure est particulièrement dans le sang de l'Anglais, et qu'il est bien toujours aussi partout, d'autre part, le même homme à précautions... Il y en a un, en ce moment, chez la T... M..., qui ne manque jamais le coup suivant : il demande une personne, cause avec elle, est très aimable, la met bien en confiance, et lui propose ensuite de l'emmener faire une promenade en voiture. Elle accepte, ils partent, il lui demande la permission de passer d'abord à une adresse qu'il lui dit être la sienne, et lui offre de monter aussi, mais la mène, en réalité, chez un médecin, après lui avoir fait croire qu'il la conduisait chez lui... Là, tableau...

— Mais qu'est-ce que fait la femme ?
— Une scène épouvantable... Elle crie, elle

résiste, elle trépigne, elle a une attaque de nerfs, mais finit tout de même par céder... En somme, elle se sent prise, et il paraît que l'Anglais paye bien.

— Et la T... M... ?... Qu'est-ce qu'elle en dit ?

— Rien... Toujours, d'abord, parce que l'Anglais est généreux. Ensuite, parce que la personne, après tout, a fini par consentir. Enfin, parce qu'aucune réglementation sanitaire n'a jamais existé dans les grandes maisons, n'existe plus dans aucune, et que l'Anglais, au bout du compte, y supplée à sa manière... La T... M..., qui n'est pas bête, lui présente même ainsi ordinairement les femmes sur lesquelles elle croit avoir des doutes, et l'Anglais, de cette façon, finit par lui être commode.

— Toujours les habitudes des salons !

— Toujours... Et le plus invraisemblable, d'ailleurs, dans ce monde et ces milieux-là,

est précisément quelquefois le plus vrai !...
Ainsi, la V... vous a parlé de femmes
d'ambassades qui fréquentaient sa maison,
et les femmes d'ambassades, dans les maisons comme la sienne font d'abord l'effet
d'une plaisanterie. On ne se les figure pas
là, et il est bien certain qu'on n'y rencontre
pas les femmes des ambassadeurs ! C'est
entendu... Mais il y a femmes d'ambassades
et femmes d'ambassades, les catégories en
sont même assez nombreuses, et certaines de
ces catégories pratiquent fort bien la Maison de rendez-vous. En outre, certaines
légations et certains consulats comptent
dans leur personnel, ou dans un certain
personnel à côté de leur personnel régulier,
les hommes et les femmes les plus bizarres.
Vous voyez là des Levantins, des Levantines, des Asiatiques, des Américains, des
Américaines, ou même des Européens et des
Européennes peu ordinaires. Vous parliez

tout à l'heure de descentes de police, et je pourrais vous en citer une, dans une maison qui n'est même pas de premier ordre, où le commissaire a trouvé la femme d'un consul ! On ne s'imagine pas la stupéfaction qu'éprouverait le public, s'il voyait où traînent quelquefois certains noms sur lesquels il n'a pas le moindre soupçon. Ces noms, fort heureusement, resteront toujours cachés, mais on ne peut pas se faire une idée de ce qu'on apprendrait, si des révélations imprévues mettaient au jour certains dessous... Vous connaissez tous ces *magazines* qui publient des photographies de femmes du monde. La plupart y sont publiées dans un simple but de mondanité élégante ; mais il n'en serait pas cependant, paraît-il, toujours ainsi, à entendre certaines patronnes, et elles pourraient bien ici dire la vérité. D'après ce qu'elles prétendent, telle photographie de mondaine connue ne serait quelquefois dans le *magazine* que pour permettre à telle proxénète de la montrer à ses habitués... Et cela, naturellement, d'accord avec la mondaine !... La proxénète a comme par hasard le journal chez elle, et le portrait de la dame s'y trouve au milieu d'autres, toujours comme par hasard. Absolument rien là de compromettant, ni pour le journal, ni pour la dame ! Personne ne peut rien y voir de mal, et le journal lui-même n'a dû se douter de rien. Mais le portrait n'en est pas moins là, à l'intention de l'amateur, et la patronne, habilement, attire son attention dessus. La femme est très jolie, la photographie est délicieuse. Ah ! si on pouvait ! Mais on ne peut pas ! Et, cependant, si par hasard... Peut-être... Après tout... Mais non... Qui sait ?... Et l'amateur s'allume, espère, désespère, s'informe auprès de la proxénète, et finit par marcher à fond. En pareil cas, bien entendu, le prix est toujours très élevé, l'*affaire* se fait nécessairement dans des conditions magnifiques, et il y a vraiment là, de la part de certaines femmes, si le procédé s'emploie, et il doit s'employer, un chef-d'œuvre de prudence et de puffisme... Mais encore ces femmes-là sont-elles au moins prudentes, tandis que d'autres ne le sont même plus, et écrivent aux matrones, sans l'ombre d'une précaution.

— Mais est-ce que leurs lettres ne sont pas transmises à la Préfecture ?

— Pas toujours, mais elles peuvent l'être.

— Et qu'est-ce qu'elles contiennent ?

— Oh ! pas grand'chose... Des riens... Des futilités... Des refus ou des demandes de rendez-vous... Un mot pour dire qu'elles sont libres ou qu'elles ne le sont pas... Mais c'est l'imprudence même d'écrire, et d'écrire sur son papier, avec son chiffre, son adresse, sa signature ou l'abréviation de sa signature... Et puis, c'est le ton, la tournure... Une fois, j'ai vu ainsi dans un petit bleu d'excuses : *Excusez-moi, ma chère amie, si je vous fais faux-bond pour cet après-midi, mais j'avais oublié que je dois aller en automobile fleurie...* Dans un autre, je me rappelle avoir lu cette phrase : *Je ne pourrai pas être des vôtres... Je suis un peu indisposée, et par conséquent hors de combat...* Eh ! bien, ces billets et ces petits bleus, que les proxénètes sont toujours prêtes, en effet, à apporter à la Police, lorsque la signature en vaut la peine, voilà évidemment, chez certaines femmes qui ont encore quelque chose à perdre, des inconséquences qui ne s'expliquent pas. On les voit cependant assez fréquemment. Il y a des inconsciences extraordinaires... Mais les soirées littéraires de la R....

— Les soirées du Prieuré ?

— Oui... Celles où des auteurs viennent

lire leurs pièces... On dirait encore un conte, et vous ne devez pas y avoir cru ?

— Elles existent ?

— Mais absolument... On y fait de la poésie et de la musique.

— Mais qui ?...

— Mais pas toujours les premiers venus... L'un des auteurs de la maison est un professeur de la Sorbonne.

— Oh !

— Positivement... Vous n'avez pas lu un roman paru dans ces derniers temps, avec une couverture illustrée, intitulé......, et signé du pseudonyme... ?...

— Non.

— Eh ! bien, c'est du professeur en question. Le pseudonyme est la première syllabe de son nom, et le roman est l'histoire d'une religieuse, ou soi-disant religieuse, venue de province à Paris pour une bonne œuvre, et qui tombe chez la R.... Une fois là elle ne quitte plus l'établissement, s'y refait toute une éducation complète, et le principal personnage de l'aventure est la R.... elle-même, avec sa physionomie, ses particularités, sa manière de parler, le binocle d'or que vous lui avez vu, et son nom à peine modifié.

— Alors, le professeur alterne, dans ses leçons, entre la Sorbonne et le Prieuré ?

— Parfaitement... Voilà qui est encore invraisemblable et cependant absolument vrai !...

. . . .

Ici, j'éprouvais encore une curiosité, celle de connaître la pensée d'un attaché à la Police, ou d'un de ses anciens attachés, sur l' « institution » même des maisons de rendez-vous, puisque aussi bien le Rapport Turot en fait comme une institution nouvelle, et je disais à mon interlocuteur :

— Vous avez entendu le singulier avis de

l'une des matrones... Elle voudrait voir interdire les maisons de rendez-vous, et tolérer seulement, comme elle le dit, une demi-douzaine de maisons *chic*, en leur défendant les femmes mariées, mais en les autorisant à recevoir les mineures ?... Quelle est votre opinion personnelle, et que pensez-vous sur la question ?

Il hésitait alors un peu, puis finissait par me répondre :

— Eh bien ! si j'étais quelque chose, et si j'avais à prendre une décision, je commencerais, d'abord, dans le cas où les maisons de rendez-vous seraient conservées, par faire reconduire à la frontière toutes les étrangères et une bonne partie des étrangers que j'y prendrais. Car nous sommes, à la lettre, empoisonnés d'étrangers ! On ne peut pas savoir d'où ils viennent, ils sont très difficiles à surveiller, nous sommes mangés par eux, on se demande où ils s'arrêteront, et toute police, avec une pareille tourbe, devient absolument impossible... Quant au fond même de l'affaire, mon opinion, si j'avais également à en émettre une, serait de fermer absolument, et sans aucune exception, toutes les maisons de rendez-vous. Leurs avantages, si elles en ont, ne peuvent pas faire passer sur leurs inconvénients.

— Vous savez que ce n'est pas l'avis du rapporteur municipal, et que son Rapport, au contraire, conclut chaleureusement en faveur des maisons de rendez-vous?

— Oui, je le sais... Mais le rapporteur municipal s'occupe de la question en journaliste qui aime à s'apitoyer sur le sort des prostituées, et non en administrateur qui a mission de veiller à l'ordre. Ils sont ainsi toute une école d'hommes de plume et de philanthropes qui demandent la liberté absolue de la prostitution, qui veulent la dignité et le bonheur pour les femmes qui s'y livrent, l'abolition de toute réglementation, et qui ne se doutent pas, ou ne paraissent pas se douter de ce qu'ils réclament. L'éloge des maisons de rendez-vous, dans le Rapport municipal, et, passez-moi l'expression, l'article qu'on y fait pour elles, sont là pour aboutir à la suppression de la réglementation en matière de mœurs. Or, la suppression de la réglementation serait une folie, et le régime n'en durerait pas six mois. De même encore, d'après d'autres abolitionnistes, on devrait, sans donner absolument carte blanche à la prostitution, la soumettre à une espèce de droit commun, et déclarer le racolage une simple contravention. Eh! bien, ici encore, on a surtout en vue le bonheur des prostituées, et toutes ces opinions sont des opinions d'hommes de cabinet. Si on déclarait simplement le racolage une contravention, il augmenterait immédiatement dans des proportions considérables, et le premier résultat de l'innovation serait de coûter énormément d'argent à l'État. Sauf exception, en effet, les racoleuses sont des professionnelles, et une contravention leur serait absolument indifférente, car elles sont habituées à pire que ça, et totalement insolvables d'autre part. Elles se moqueraient donc parfaitement d'être condamnées à des amendes qu'elles seraient sûres de ne pas payer, se feraient dresser procès-verbaux sur procès-verbaux, recommenceraient tranquillement après chaque procès-verbal, et qui est-ce qui paierait tous ces procès-verbaux en souffrance ? Le Trésor, puisque c'est lui qui paye, lorsque les contrevenants ne peuvent pas le faire ! Ainsi, ne parlons pas de contravention, et voyons si, raisonnablement, on pourrait supprimer la réglementation... Le Rapport municipal n'en veut plus, et entonne le dithyrambe en l'honneur des maisons de rendez-vous, parce que les maisons de rendez-vous et la liberté de la prostitution se confondent. Or, dans l'état actuel, avec le cynisme des hommes et la vénalité des femmes, la suppression de la réglementation soulèverait la population parisienne ! Fréquemment, lorsque certains journaux ont mené une campagne un peu vive sur les erreurs commises, ou soi-disant commises dans un quartier, par les agents des mœurs, on donne des ordres pour abandonner momentanément le quartier à une prostitution relativement libre. Savez-vous ce qui ne manque jamais alors de se passer? Le quartier, presque immédiatement, devient inhabitable pour les honnêtes gens, et les réclamations des habitants arrivent de tous les côtés, avec un tel redoublement, qu'il faut faire un nettoyage. On le fait, mais en étant forcé de procéder avec plus de brutalité encore qu'auparavant. Et qui est-ce qui paye la campagne des journaux ? Les filles, en faveur de qui on l'avait faite !... Maintenant, ce qu'il faudrait aussi savoir, c'est comment et pourquoi se font quelquefois ces campagnes de journaux. Je vous ai déjà cité plus d'un cas surprenant, mais je vais encore vous en citer un, c'est celui de certains journalistes qui ont parfois entrepris des campagnes contre la Police, uniquement parce qu'ils vivaient eux-mêmes avec des racoleuses, et des racoleuses qui avaient été condamnées pour entôlage !... Voilà tout le secret de certaines campagnes de presse, et, pour en revenir aux maisons de rendez-vous, il serait non pas même sage, mais urgent de les fermer, et de les fermer toutes, radicalement. Elles sont interdites à Berlin, elles sont même interdites à Londres, où il y a pourtant une si grande liberté, et partout, à l'Étranger, la tendance est de les supprimer. Si on les supprime ainsi partout, c'est qu'il y a probablement de bonnes raisons pour le faire, et on se demande, alors, pourquoi nous mettons autant d'insistance à les favoriser chez nous, lorsqu'on les interdit avec autant de rigueur chez les voisins ? Car plus on juge à propos de s'en débarrasser ailleurs, plus on en laisse ouvrir, et plus il s'en ouvre ici ! Avant 1900, d'après le Rapport municipal lui-même, elles n'existaient à Paris qu'en nombre insignifiant. On n'en comptait pas dix. Et, tout à coup, en 1903, elles sont déjà soixante-seize ! Un an seulement plus tard, en 1904, elles passent à cent vingt-six. Elles avaient presque doublé !... Combien sont-elles aujourd'hui ? Combien seront-elles dans dix ans ? On ne peut même pas le calculer !... Et vous avez déjà pu voir qui elles ont quelquefois pour patronnes. L'une est une institutrice, une autre s'est formée aux cours du soir, une troisième se propose d'écrire ses mémoires, une quatrième est pourvue de tous ses brevets, une cinquième appartient au monde littéraire! En poursuivant la revue, vous en auriez encore rencontré une sixième qui est la fille d'un sous-préfet devenu ensuite rédacteur en chef d'un journal, une septième ayant longtemps vécu, comme matrone, avec un secrétaire de rédaction, et même une huitième qui, exerçant également son métier de matrone, était maîtresse d'un ministre ! Le ministre lui envoyait ses lettres par une estafette, et on voyait l'estafette stationner devant la maison. Un jour même, le mari de la patronne recevait les palmes académiques. L'estafette les lui avait peut-être apportées...

— Et l'ancien sous-préfet rédacteur en chef, qui est-il ? Et le secrétaire de la rédaction ?... Et le ministre ?

— Ici, je ne vous répondrai qu'une chose... Ils sont morts tous les trois.

— Et les proxénètes ?

— Deux font encore le métier, la fille de l'ancien sous-préfet et la maîtresse du secrétaire de rédaction... La troisième, la maîtresse du ministre, n'exerce plus.

— Comment s'appellent-elles ?

— La maîtresse du secrétaire de rédaction est la C..., et celle du ministre est la E...

— Et la fille de l'ancien sous-préfet ?

— En vous disant son nom, je vous dirais celui de son père.

— Et depuis quand exercent-elles ?

— Depuis longtemps. Elles datent de l'époque où les maisons de rendez-vous n'existaient encore qu'à l'état d'exception.

— Et.. A quel monde appartenaient l'ancien sous-préfet rédacteur en chef, le secrétaire de la rédaction et le ministre ?

— A quel monde ?

— Oui... Révolutionnaire ?... Conservateur ?

— Pas révolutionnaire du tout.

— Conservateur ?

— Plutôt...

CHAPITRE VII

SOUS LE FEU DU CIEL

Nous pourrions encore continuer l'excursion... Mais nous sommes à un carrefour où il nous faudrait choisir entre le scandale et la monotonie.

Nous ne pousserons pas plus loin...

Que conclure, et quelles impressions rapportons-nous, au retour de cette promenade dans un monde autrefois spécial, et qui semble presque à la veille de ne plus l'être ?... Les proxénètes ont-elles menti ? Oui, mais seulement en partie. Elles ne peuvent pas inspirer confiance. Elles étaient à entendre, et sont à suspecter. Mais où sont leurs mensonges ? Où commencent-ils ? Où finissent-ils ?...

Accusent-elles, en général, la majorité des femmes mariées et des femmes du monde, ou même un grand nombre d'entre elles, de fréquenter leurs maisons ? Elles ne soufflent pas mot d'une pareille sottise... Peut-être la disent-elles aux clients, mais elles la disent à eux seuls, et probablement même pas à tous ! Nous étalent-elles des prix exagérés ? L'une d'elles nous cite la fantaisie d'un milliardaire américain payant une femme cent mille francs. C'est peut-être faux, ou peut-être vrai, et rien n'est impossible, comme folie, dans l'ordre des phénomènes. D'autres nous citent encore quelques autres *affaires* allant entre quarante mille et dix mille francs, mais toujours à titre d'exceptions, de cas extraordinaires.. Et c'est tout... Autrement, et d'après toutes les patronnes, les grands prix n'existeraient plus. La petite *affaire* serait de cent francs, l'*affaire* moyenne de cinq cents, et les opérations, à partir de mille francs, rentreraient dans la classe des *affaires* rares. Jamais, ou presque jamais, elles ne dépasseraient quatre ou cinq mille francs. Ce serait donc plutôt modeste, mais la loi de l'offre et de la demande, là comme partout, aurait été implacable, et la vulgarisation du vice aurait produit l'avilissement des tarifs... Est-ce ici que les matrones mentent ?... Il n'y paraît pas, et nous nous trouvons, au contraire, devant des affirmations fort raisonnables, bien que le chapitre le soit peu.

Où donc mentent-elles ?... Serait-ce en nous avouant les contes qu'elles font à leur clientèle, et en nous montrant, par exemple, comment elles présentent, à un monsieur de province, une femme entretenue d'Asnières pour une châtelaine de l'Oise ? Mais où se trouverait ici leur intérêt, et pourquoi, si elles voulaient mentir, ne nous présentaient-elles pas, à nous aussi, de fausses châtelaines pour des vraies?... Nous tromperaient-elles donc en nous disant que, dans les maisons de rendez-vous, les femmes mariées le plus à succès sont précisément celles qui ne le sont pas, mais qui savent bien jouer leur rôle ? Nous auraient-elles encore trompés en nous déclarant qu'elles n'avaient pas de femmes du monde chez elle à l'instant même où elles nous parlaient, mais qu'elles ne nous les auraient pas montrées, même si elles en avaient eues, et qu'elles ne nous auraient pas permis de les regarder à travers la fente d'une portière, comme elles pouvaient le faire pour d'autres?... Mentent-elles bien aussi, enfin, en nous représentant, à manque de vertu égal, la femme du monde comme plus préparée à la galanterie que la bourgeoise, et la femme mariée sans vertu comme tendant de plus en plus à substituer à la *liaison*, considérée comme dangereuse, l'*affaire*, considérée comme commode? Remarques et observations de proxénètes, mais qui n'en semblent pas moins beaucoup plus troublantes que fausses!

Et comment toutes ces matrones vous parlent-elles de milieux dont elles ne devraient rien savoir, et dont elles semblent savoir tout ? Comment, même là elles ne peuvent que mentir, leurs mensonges ont-ils quelque chose d'inquiétant? Comment vous heurtent-elles par des affirmations énormes, mais qui, tout bien pesé, n'ont quelquefois rien de sot, et qui vous laissent un malaise? Pourquoi l'heure à laquelle sont ouverts leurs salons est-elle déjà une indication ? Pourquoi est-ce, à la fois, l'heure des visites, des affaires et des alibis?

Après les impressions nous venant ainsi des matrones, nous avons les échos de la

Préfecture, et le malaise, ici, devient encore plus aigu. La Police, en matière de prostitution, est pleinement dans son domaine. Elle a tous les éléments possibles de surveillance et d'observation, et tout le temps de surveiller et d'observer. Elle est donc, autant qu'on peut l'être, à même de tout voir et de tout savoir. On ne lui voit pas trop non plus, dans la circonstance, l'occasion d'être partiale. Comment, dès lors, se tromperait-elle, ou pourquoi nous tromperait-elle ?

En l'écoutant bien, d'ailleurs, on la sent plutôt disposée quelquefois à un optimisme voulu, et comme indulgente par ordre. La chapitre-t-on sur ce point ? Aurait-elle tendance par elle-même à ménager aujourd'hui, et presque à respecter, ce qu'elle ne ménageait, et ne respectait guère autrefois ? Commencerait-elle à être acquise à la « neutralité morale » ? Se trouve-t-elle, dans certains cas, un peu fascinée par le vernis de fausse convenance, l'air de politesse et l'espèce de ton « distingué » de certaines maisons ? Au fond, et malgré les apparences, elle doit protester, sans le dire, contre cette espèce de considération extérieure qu'elle est maintenant obligée d'accorder à ce qui n'a pas encore cessé d'être la dernière honte ? Quoi qu'il en soit, et malgré les aveux qui lui échappent, elle semblerait plutôt portée, par discipline ou autrement, à ne pas médire outre mesure d'un système de mauvaises mœurs qui est bien cependant le plus dangereux de tous. Mais les indications qu'elle vous donne, les perspectives qu'elle vous ouvre, les opinions qu'elle émet, n'en sont que plus inquiétantes, soit dans ce qu'elles ont de vague et de voilé, soit dans ce qu'elles ont de menaçant. Et tout n'y sent-il pas, d'ailleurs, la justice et l'exactitude ?

Ce demi-mensonge des matrones, qui ne mentent pas en mentant tout de même, ne doit-il pas être exactement ce qu'elle en dit ? Soit qu'elles exagèrent, ou soit qu'elles dissimulent, n'entrevoyons-nous pas, en effet, dans ce qu'elles nous racontent, ou beaucoup de vrai sous un peu de faux, ou quelquefois aussi beaucoup de faux sous quelque chose de vrai, mais n'entrevoyons-nous pas toujours du vrai ?... En lisant certains journaux, en entrant dans certains théâtres ou certains lieux publics, en passant sur certains boulevards, n'avons-nous jamais eu aussi, sous le miroitement de civilisation consommée de la vie actuelle, la vision d'un vice public effroyablement cynique et glouton ? N'avons-nous jamais eu l'idée d'une bestialité dont on ne se doute pas, malgré tout ce qu'on voit déjà, et tout ce qu'on s'imagine déjà savoir ? N'avons-nous jamais non plus rien trouvé de bizarre, et

comme d'interlope, à la mode de toutes
ces photographies privées, portraits de
femmes, intérieurs de ménages, scènes de
châteaux ou de salons, publiées sans raison, et souvent sans pudeur, dans les *magazines* et les journaux ? Ne sommes-nous
pas désagréablement surpris par tous ces
noms, toutes ces adresses, tous ces détails de vie intime, grossièrement jetés à la
foule ? Légèreté, vanité, entraînement mon-
dain, cabotinage, inconscience, inconséquence ? Soit ! Mais ne pourrait-il pas y avoir
aussi, à l'occasion, autre chose là-dessous ?
Lorsque toute une société jouit d'être ainsi
sur les tréteaux, et se livre de la sorte aux
charlatans, les plus tristes hontes ne doi-
vent-elles pas finir par résulter, pour elle,
de cette vie de foire et de courtille ? N'est-ce
pas presque forcément la fin logique, même
pour des gens bien élevés, de tout cet
histrionisme ?

Un professeur de la Sorbonne pouvait-il bien être, en même temps, un auteur de mauvais lieu ? Je suis entré chez un libraire, et j'ai demandé le roman dont m'avait parlé mon guide :

— Avez-vous ***** par *** ?

— Voilà, monsieur.

— De qui est-ce ?

— Attendez, me disait le commis en se grattant la tête, attendez... C'est de... C'est de... Ah ! De qui donc ?... Il est professeur à la Sorbonne... Ma foi, je ne me rappelle plus... Mais le pseudonyme de l'auteur est la première syllabe de son nom...

C'était bien cela. Le titre, la couverture, le pseudonyme, la première syllabe du nom, le professeur à la Sorbonne, tout y était déjà de point en point... J'emportais le volume; je le parcourais, et c'était bien toujours, à la lettre, le genre de livre indiqué : la maison, la matrone, le ton, l'histoire, la couleur générale, tout ! Le professeur de la Sorbonne, en effet, ne semblait pas seulement avoir là ses habitudes de client, mais ses habitudes d'esprit. Avec un fonds de sympathie, et presque d'admiration, dans la désinvolture obligée du langage, il y avait, dans la description de l'établissement et le portrait de sa directrice, comme une émotion discrète, et même, au dénouement, comme un enthousiasme voilé, au moment où la religieuse, stylée par la matrone, couronnait son éducation nouvelle à la façon de la maison. C'était de cette pornographie courante, comme on en voit à tous les étalages, et qui évoque, avec toutes les gravelures voulues, ce qu'il y a de plus précis dans le vice. On s'en représentait parfaitement la primeur donnée dans les soirées du Prieuré ! (1)

(1) On s'explique pourquoi je ne donne pas le titre du volume.

La littérature dans la maison publique ! L'art chez la procureuse ! La conférence dans les salons de consommation immédiate ! Ce n'est peut-être pas, dans tant de sensations pénibles, celle qui l'est le moins. Certaines matrones parlent effectivement *ex cathedra*. Elles ont des âmes cyniques et disent des choses ignobles, avec la grimace de la bonne compagnie ou de la méthode scientifique. Quel tableau ! Il y a à peine quarante ans, Maxime du Camp, dans ses études sur la prostitution, notait avec stupeur l'affreuse grossièreté d'esprit des filles les plus recherchées de son époque. On les voit alors s'élever des bouges, du trottoir et des salles du Dépôt, à leur rang de maîtresses affichées, couvertes d'or et de bijoux. Elles ont beau imposer la mode au monde élégant, éclabousser Paris, elles n'en continuent pas moins, dans leurs hôtels et leurs équipages à la Daumont, à sentir la grosse ignominie de la barrière. Par leur situation, elles vivent dans des palais. Pour les manières et la conversation, elles sont toujours à Saint-Lazare... Aujourd'hui, la scène a changé, et vous avez la surprise encore plus cuisante de trouver quelquefois le ton des honnêtes gens dans de simples établissements publics. Il y a encore peu de temps, après avoir passé entre des haies de laquais, par des salles où se rencontrait tout ce que Paris comptait de bien, et dans le simple but de présenter vos hommages à la maîtresse de céans, vous arriviez devant une personne qui avait l'air de sortir d'une caverne, et qui en sortait bien, en effet. A présent, vous sonnez à la porte d'un palier sombre, vous attendez seul dans des chambres où des rideaux s'entre-bâillent sur vous, et vous débattez, à demi-voix, des prix allant de cinq à vingt-cinq louis, pour finir par vous trouver devant une personne qui a l'air d'une femme bien élevée, et qui en est peut-être même une ! Vous n'avez plus à vous étonner d'être invité à dîner avec un prince par un billet dont l'orthographe est celle d'une fille en carte, mais vous restez confondu, changé en statue de sel comme sur la route même de Sodome, devant un petit bleu spirituel, sentant la mondaine, et où la correspondante, d'une fine ou noble écriture, s'excuse en badinant de manquer une « passe ». Vous n'éprouvez plus l'angoisse, déjà dure, de voir des prostituées tenir la place des femmes du monde, mais vous en ressentez une autre, infiniment plus aiguë, en croyant voir des femmes du monde tenir la place des prostituées !

Impressions et déductions pures ? Peut-être. Mais singulièrement lancinantes! Et qui donc vient ou ne vient pas, dans les maisons de rendez-vous ? Des femmes du monde, à l'heure qu'il est, écrivent et publient les livres les plus audacieusement licencieux. Jusqu'où peut bien aller en secret, leur audace dans la licence ? Dans le roman, dans le théâtre, dans la sociologie, la prostitution tient aujourd'hui la place autrefois tenue par l'adultère. Où la mondaine et la bourgeoise, il y a quarante et cinquante ans, allaient voir jouer des pièces risquées et lisaient des livres douteux, elles voient et lisent, à présent, des pièces et des livres pornographiques. A l'ancienne trilogie passionnelle, le mari, la femme et l'amant, ont succédé une situation et des personnages beaucoup plus simples, à savoir l'homme de toutes les femmes et la femme de tous les hommes. Après s'être demandé, pendant un demi-siècle, pourquoi une femme n'aurait pas le droit d'être à deux hommes, au moins successivement, sinon simultanément, le romancier et l'auteur dramatique en sont arrivés à se demander, présentement, pourquoi elle ne pourrait pas, en fin de compte, être à tout le monde! On avait revendiqué la liberté, on revendique le libertinage! Les mœurs et la vie de nos grands-pères ressemblaient, au moral, à leurs romans et à leurs utopies. En est-il de nous comme il en était d'eux, et l'aberration chez l'homme, la passion effrénée de l'argent chez la femme, l'amant lui-même passé à l'état d'ennui, l'effroi même d'une affection, l'horreur même d'un sentiment, on ne sait quel besoin lâche d'une vie avant tout commode, hygiénique, animale, sans regrets, sans remords, sans conscience, sans amours, sans souvenirs, sans avenir, tout cela ne ressemble-t-il pas terriblement aussi à notre époque, et n'est-ce même pas toute notre époque ? L'un des médecins de Lourcine, le docteur Martineau, laisse échapper un effrayant aveu. Il nous montre, au-dessus de la hiérarchie ordinaire des filles galantes, « plus haut sur l'échelle sociale, la femme appartenant à un certain monde, ayant une certaine situation, et qui demande à la prostitution clandestine des ressources qu'elle ne saurait trouver dans son milieu normal ! » Le médecin de Lourcine ne parle-t-il bien ici que par impression ? Est-ce bien seulement ce qu'il devine ? N'est-ce pas ce qu'il a pu savoir ?

Et pourquoi, dernièrement, lorsque toutes les maisons de rendez-vous n'étaient pas encore affranchies de toute réglementation, certaines d'entre elles jouissaient-elles par avance de la plus complète immunité ? A la dernière catégorie on imposait un registre, où se trouvaient les noms des femmes, leur âge, leur lieu de naissance, leur domicile et leur photographie. C'était la mise en livre ! A certaines dates, en outre, ces femmes devaient produire un certificat de santé. Ensuite, venait la seconde catégorie, la classe intermédiaire, et cette catégorie-là était déjà dispensée du livre, mais encore soumise au certificat. La femme, seulement, pouvait se le procurer auprès du médecin de son choix. Enfin, pour les personnes de la première catégorie, de la catégorie supérieure, exemption absolue de toute obligation, de toute formalité quelconque, même de la formalité sanitaire ! Et d'où pouvaient provenir ces inégalités ? Si on demandait ainsi leur adresse, leur état-civil et leur photographie aux personnes de la troisième catégorie, n'était-ce pas, simplement, qu'on pouvait se le permettre ? A celles de la seconde, qui exigeaient déjà certains égards, on ne réclamait déjà plus que le certificat, demandé dans les conditions les plus discrètes, et si on ne le demandait même plus aux personnes de la première, c'est qu'on ne le pouvait même plus, même discrètement ! Était-ce là, en effet, comme on l'a supposé, un privilège accordé aux riches ? Singulier privilège ! L'argent ne garanti pas nécessairement la santé, et vous ne voyez guère la Préfecture privilégiant les clients riches en ne les garantissant pas. Était-ce, comme on l'a encore prétendu, que la clientèle de certains personnages puissants ou officiels s'étendait sur ces maisons comme une protection ? Mais ces personnages puissants ou officiels, loin de ne pas réclamer de précautions du tout, s'il ne s'était agi que de leurs personnes, en auraient, semble-t-il, plutôt réclamé de supplémentaires. Chose vraiment curieuse ! Dans la prostitution de forme ancienne, plus la maison comptait de protecteurs, et plus on y prenait de soins. Dans la prostitution de forme nouvelle, plus la maison a d'amis haut placés, et moins on y assure l'hygiène. Pourquoi donc avait-on ainsi retourné le procédé, quand il y avait encore lieu de le faire, si ce n'était par égard pour les femmes elles-mêmes, et parce que leur condition seule rendait déjà les précautions inutiles ? Mais qui, en ce cas, étaient-elles, et comment leur condition exigeait-elle tant de délicatesse ? Car on agissait bien ainsi par délicatesse, on ne l'a pas caché, et l'on a même voulu en étendre le bénéfice aux femmes des classes plus modestes. L'Administration s'est tout à coup écriée démocratiquement : Place aux pauvres ! Et le Rapport Turot l'avoue : « Nous avons rencontré, dit-il, dans les maisons moins coûteuses, des femmes d'avocats, d'artistes et de médecins. » Et les photographies de ces « femmes d'avocats, d'artistes et de médecins » allaient remplir fâcheusement, à l'insu des maris, les archives de la Préfecture ! Ainsi, « des femmes d'avocats, d'artistes et de médecins » acceptaient même la mise en livre, et c'est le Rapport

Municipal qui nous l'apprend. Nous n'en avions pas encore entendu autant ! Et d'où venaient alors les prostituées dont la position sociale et les susceptibilités personnelles, avant le régime de la liberté générale, ne pouvaient s'accommoder, ni du moindre manque d'égards, ni de la moindre indiscrétion ? Qui donc vient, ou ne vient pas, dans les maisons de rendez-vous ?

Quelqu'un me disait un jour :

— Lorsque j'arrive de la campagne, toutes les femmes, dans la rue, me font l'effet d'être des filles, et tous les hommes d'être des aigrefins !...

Mot d'un hyperbolisme atroce, mais où tout, cependant, ne sonne pas faux ! Ce qui est malheureusement l'évidence même, c'est l'effrayante et triomphante poussée de la prostitution, activée et comme organisée par l'insensé régime de la « neutralité morale », et rien ne la fait mieux sentir que la nouvelle place prise par la proxénète, et son véritable avènement social. Grâce à l'espèce de légitimité légale dont on revêt maintenant la pratique et l'exploitation du vice, la matrone en sera bientôt arrivée à passer sérieusement, auprès d'une infinité de gens, pour exercer un métier comme un autre, et seulement un peu plus discret. Imaginez, comme on nous le faisait entrevoir, un événement imprévu, un procès ou un coup de police, mettant brusquement au jour les lettres et les « petits bleus » adressés aux proxénètes, et quelles révélations ! On y trouverait bien ce qui n'y surprendrait pas, mais aussi, très probablement, ce qui surprendrait beaucoup, et ce ne serait plus du tout le genre connu, le gros amour ou la grosse galanterie s'habillant de phrases comiques ou d'une orthographe burlesque, mais des choses fort bien dites, indiquant de l'instruction et de l'éducation, des manières, même de la littérature et de l'esprit, en un mot, tout une fort jolie tenue dans l'infamie ! On noterait même des confidences, des demandes de conseils pratiques, des appels à une direction, et comme un ton de confession, mais d'une confession où l'on viendrait pécher, au lieu de se repentir, avec un bénéfice à la place d'une pénitence.

C'est bien le renversement et le travestissement de tout, avec la parodie de la dignité dans la honte, le faux respect de soi-même dans l'ignominie, et l'inconscience de la matrone, dans cette inconscience générale, le ton qu'elle prend, son entrée prochaine dans la considération, s'expliquent parfaitement. Elle a déjà son bureau de proxénétisme dans une maison que rien ne désigne et dans une rue comme toutes les rues. Elle opère souvent, il est vrai, sous un nom de guerre, mais parce que nous sommes encore à une époque de transition, où l'« évolution », comme le dit toujours l'étonnant Rapport Turot, n'est pas encore accomplie. Elle n'en fait pas moins déjà la bourgeoise, tout en étant ce qu'elle est, comme certaines de ses clientes font les filles, tout en étant ce qu'elles sont! Dans un quartier lointain ou une jolie banlieue, elle a son *home*, sa famille et vise à l'honorabilité locale. De son véritable état, on ne sait rien, ou l'on en sourit agréablement, et son mari, ou son pseudo-mari, est dans les vins ou les eaux minérales, comme elle est censée être elle-même dans les modes ou la couture. Il fait l'effet d'un brave homme, elle fait celui d'une brave femme, et leurs enfants sont des plus soigneusement élevés, le jeune homme au collège, la jeune fille dans un pensionnat. Le dimanche, après le dessert, dans la fumée du café, ils aperçoivent même déjà leur collégien professeur, avocat ou magistrat. C'est bien la réalisation du vœu Turot, c'est-à-dire, pour cette femme qui n'est pourtant pas tout de même une femme comme une autre, « une vie pareille à celle des autres femmes », et il en résulte ce phénomène singulier, le dernier mot du bouleversement dans une société sens dessus dessous, c'est que l'existence en partie double, menée par certaines femmes mariées, l'est également par les matrones, mais en sens inverse. Pendant que la femme mariée a sa vie normale dans un ménage régulier, mais plonge, à certains moments, dans la secrète infamie où l'attirent ses besoins d'argent, la proxénète, elle, vit dans l'infamie normale, mais remonte, à certaines heures, à la surface sociale, cesse d'être la X..., et se transforme en Mme Z... C'est le système du funiculaire appliqué à la démoralisation. Le haut fait monter le bas, et le bas descendre le haut. On a déjà pu écrire, à propos du théâtre, qu'il n'y avait plus de barrière entre la scène et la salle. On travaille, en ce moment, à pouvoir dire, avant peu, qu'il n'y en a pas davantage entre la famille et le mauvais lieu !

Une société où la prostitution a pris le pas qu'elle prend dans la nôtre est-elle possible ? Elle l'est encore comme lupanar, mais ne l'est plus comme société. Une société a ses ennemis, doit se défendre, et n'en a vraiment la force qu'à la condition de s'estimer assez elle-même pour le faire. Le jour où elle se sent indigne, elle s'abandonne fatalement, et se laisse engloutir, en murmurant : « A quoi bon ? » La société actuelle ne paraît-elle pas déjà quelquefois avoir ce mot-là sur les lèvres, et son extraordinaire et mystérieux fléchissement moral, son indifférence abêtie, la rupture de son ressort vital, ne viennent-ils pas de l'avilissement et de l'aberration de ses mœurs ? Ne s'en va-t-elle pas comme on en a déjà vu s'en aller tant d'autres ? Lorsque le vice de l'homme en sera ainsi à son dernier période, et la déchéance de la femme à son dernier degré, quand il n'y aura plus partout que de l'hygiène, de la comptabilité et des contacts, et lorsque la question de l'amour aura enfin trouvé sa solution la plus pratique dans l'installation de gymnases discrets, qui tiendront à la fois de l'institution de crédit et de l'établissement de bains, ne serons-nous pas alors vraiment mûrs pour la grande disparition ? Comme le corps ne demande plus à vivre lorsqu'il ne peut plus recouvrer les joies de la santé, nous ne demanderons plus qu'à mourir, faute de pouvoir connaître encore les satisfactions de la conscience, et ce sera, une fois de plus, l'éternelle sanction physique et religieuse, l'anéantissement de l'humanité par la profanation même de son principe.

Que faudrait-il donc, et qu'y aurait-il à faire contre le fléau, contre cette marée de mer morte qui semble nous arriver ?... Au lieu d'ouvrir toute large, comme on le fait, l'entrée de l'infamie, il faudrait, évidemment, la tenir aussi étroite, aussi barricadée, aussi inabordable que possible, et donner la liberté de la sortie, mais ne pas donner celle de l'accès. Il serait souverainement coupable d'entourer le relèvement de trop de difficultés, mais la première mesure à prendre serait, à n'en pas douter, de ne pas favoriser la chute. Il la faudrait même effrayante, et précisément pour celles qui s'en effraient le moins, pour ces femmes ou ces filles qui se disent mariées sans l'être, et qui prouvent, par leur mensonge même, qu'elles n'ont peut-être pas perdu toute idée d'honneur ni de régularité. Ce qui est à soutenir, ce ne sont pas les vertus solides, mais les moralités vacillantes et ballottées. Le jour où l'accès de la dernière honte ne serait plus aussi scandaleusement facile, même pour les irrégulières et les malheureuses, ce serait déjà un retour vers le salut.

Mais il faudrait, d'abord, que tout ne fût pas mis en œuvre comme pour donner d'avance à tout le monde la pensée que la prostitution est la vie normale, et l'on devrait, avant tout, mettre fin à la continuelle excitation à la débauche qu'est tout un certain genre de littérature, de roman, d'images, de spectacles, de journal, de théâtre, de livre et de sociologie. Que l'État ne procède plus lui-même, sous prétexte de liberté, à la corruption des masses, au détournement de la jeunesse, à la perturbation et à l'avilissement publics ! D'ignobles refrains ne s'entendent pas tous les soirs dans des multitudes de salles, des livres honteux ne courent pas dans toutes les mains, et des dessins obcènes, des journaux détraquants ou dégoûtants, ne sont pas tirés tous les jours à des centaines de milliers d'exemplaires, exposés et achetés à tous les étalages, dans toutes les librairies, à tous les kiosques, sans qu'il en résulte des conséquences, non seulement morales, mais pathologiques !

D'innombrables boutiques d'alcoolisme, d'horribles débits de tous les stupéfiants qui ruinent le moral par le physique comme le livre et les spectacles abjects ruinent le physique par le moral, ne pullulent pas non plus, d'autre part, comme ils pullulent, sans un danger certain et presque immédiat ! De même encore, on n'enseigne pas sans folie, comme on le fait dans plus d'une école, que l'élève « n'a plus à savoir ce qui est honnête ou ce qui ne l'est pas ». (1) Qu'on n'abrutisse donc plus par l'alcool des populations de misérables, et que les instituteurs et les institutrices ne répètent plus à l'enfant qu'il n'y a plus ni bien ni mal ! Si on suppri-

(1) Voyez la Revue d'Enseignement primaire et supérieur du 1er octobre 1905, article : *Cours de pédagogie*.

mait ainsi tous les poisons que des millions
d'empoisonneurs déposent, matin et soir,
dans toutes les fontaines où l'on va prendre
son eau, et si nombre de jeunes filles ne
riaient plus aux seuls mots « d'honnêteté »
ou de « malhonnêteté » avant même d'être nu-
biles, si elles n'avaient pas lu, vu, entendu, ou
chanté elles-mêmes, tout ce qui peut maintenant se publier, s'afficher, se vendre ou se
chanter publiquement d'ignoble, il y aurait
déjà, pour la fille ou la femme, beaucoup
moins de facilité à prendre la mauvaise
porte. Elle ne serait plus toujours prête,
comme à une chose naturelle, à réaliser par
elle-même ce qu'elle n'a jamais cessé, depuis
sa petite enfance, de lire dans les romans ou
les journaux; de contempler dans les images,
ou d'aller entendre au « beuglant » ! Instruite ou ignorante, bien élevée ou non,
mariée ou libre, elle n'aurait pas toujours
d'avance; comme elle les a, grâce à l'abo-

minable « neutralité morale », un pied ou les deux pieds dans la Maison de rendez-vous.

Et tout cela ne serait même pas assez ! Pour arrêter la course à l'ignominie qui nous entraîne, il serait absolument nécessaire, encore une fois, d'en barrer matériellement le chemin et d'accumuler la peur, les remords, le dégoût, l'horreur, à l'entrée du précipice, au lieu d'y mettre des fleurs. Il faudrait donc interdire les maisons de rendez-vous, et les interdire sévèrement, comme on le fait dans tous les pays, excepté seulement dans le nôtre ! Qu'on tolère, s'il le faut, la « maison close ». Elle est affreuse, mais sa moralité est précisément de l'être. Qu'on l'empêche d'être un foyer de tuberculose ! Qu'on y prescrive un régime intérieur qui n'y suravilisse pas encore les pensionnaires ! Qu'on y interdise le « bahut », si « bahut » il y a ! Qu'on y assure la liberté de l'évasion ! Qu'on défende même l' « internat », et qu'on n'autorise que l' « externat », mais qu'on n'enlève pas à la maison honteuse sa porte honteuse ! Aidez et protégez, tant que vous le pourrez, la malheureuse qui veut sortir de là ; mais multipliez au contraire tout ce qui peut lui faire peur avant d'entrer ! A moins d'être des fous ou des malfaiteurs, on ne s'ingénie pas à donner à la géhenne l'apparence de l'asile. On ne met pas : *Entrée libre* au-dessus de l'entrée de l'enfer. On doit y inscrire : *Laissez toute espérance* !

Mais est-ce bien ce qu'on fait ?

Non, on fait tout le contraire, et c'est précisément là où est le mal. Le vice et la débauche sont de tous les pays comme de tous les temps ; mais ce qui n'en est plus, c'est que l'État, en raison d'on ne sait quelle mission de malfaisance, y pousse méthodiquement par ses lois. Nous ne sommes pas le peuple où les mauvaises mœurs ont naturellement le plus de virulence, mais nous sommes le seul, dans le monde Chrétien, où elles ne sont plus combattues, et où elles sont même légalement favorisées. Nous ne sommes pas seulement en *pornographie*, ce qui peut toujours se voir partout, mais en *pornocratie*, ce qui se voit uniquement chez nous, et le fléau n'est que là, mais il est là.

Les journaux et les livres ? Personne ne pourra jamais dire la triple quintescence de prostitution qui s'y distille depuis trente ans, et se vend, à l'heure qu'il est, de plus en plus librement, à tout le monde, et à tous les prix. Les spécialistes du genre y ont absolument tout mis, toutes les aberrations, toutes les dépravations, toutes les souillures. Ils se sont adressés à tous les âges et à toutes les conditions, au jeune homme, à l'homme fait, à la fille, à la femme du monde, au vieillard, au petit collégien. Ils ont indiqué des directions pornographiques pour toutes les circonstances de la vie et toutes les heures de la journée, pour le fumoir et le salon, la plage et le château, la chambre à coucher et la salle de bain. Ils sont même allés jusqu'à inventer des sexes, et l'humanité, grâce à eux, en compte maintenant trois ou quatre. Pour tout cela, ils rayonnent de gloire et se promènent sous une auréole. Ils sont heureux, repus, malsains et décorés... Les images et les dessins ? Autre quintescence de vice ! Ce qu'on peut vendre et débiter dans les kiosques, entre la cote de la Bourse et les dernières nouvelles de la Chambre, vaut la marchandise mystérieuse que des camelots arriérés vous proposent encore quelquefois, on ne sait vraiment pas pourquoi, à voix basse et dans le creux de la main. Les pauvres diables retardent, et la « photographie du nu » tuera certainement leur industrie. Ils sont même à peu près les derniers, sur nos boulevards, à représenter encore la pudeur... Les théâtres ? Alexandre Dumas fils disait que tous les théâtres, quels qu'ils fussent, étaient toujours de mauvais lieux, même lorsque les pièces étaient morales... Que pourrait-il dire à présent ?... Et les bastringues, les beuglants, les bouibouis ? Ici, c'est l'immondice frénétique, et l'immondice pour tous, pour les enfants et leurs bonnes, les bourgeois, les militaires, les commerçants, les familles venues de province, et les grandes dames les plus historiquement blasonnées. Une honnête femme, autrefois, ne pouvait pas tout entendre. Une femme du monde, aujourd'hui, va fort bien au café-concert, entend absolument tout, les plus dégoûtantes gravelures, et les plus immondes équivoques. Elle se contente simplement, aux saletés dont l'odeur est par trop forte et devient comme une puanteur physique, de secouer son éventail un peu plus vite. Et l'autorité préside elle-même à tous ces concours d'ordures. Les pitres les plus ignobles peuvent vomir les plus ignobles couplets, le représentant de la loi est là, solennel, en uniforme, en armes, congestionné, et qui approuve !... Quant aux bars, mastroquets, boutiques et comptoirs d'abrutissement, ils constituent le plus puissant, le plus respecté, le plus intangible des syndicats. En ouvre qui veut ! Y va qui passe ! Personne ne peut plus entrer au couvent, mais tout le monde peut toujours entrer à l'assommoir, y boire poisons sur poisons, et s'y endormir ivre-mort. Et n'est-on jeté au moins dans cette vie terrible qu'en état de s'y défendre, armé d'une morale individuelle exceptionnellement solide? On aura bientôt supprimé toute morale quelconque, et la petite fille rentre déjà souvent de l'école en méprisant sa mère qui sent le travail, mais en enviant la racoleuse qui sent bon !

Après avoir suivi ces leçons et respiré cette atmosphère, il ne manquait plus à la femme, pour ne pas reculer, le moment venu, devant la maison banale, que l'encouragement direct et l'aide effective de l'Administration. Elle les a, et la « neutralité morale » les lui assure. Ce qu'on poursuit, en effet, sous cette étiquette, c'est la vulgarisation même du vice. La démoralisation aidant la doctrine, et la doctrine aidant la démoralisation, le fait poussant à la thèse, et la thèse poussant au fait, on édifie ainsi une sorte de Corinthe à guichets, et aux guichets de laquelle il est toujours admis de passer. Débarrasser l'ignominie de tout ce qui peut en dégoûter, aplanir tout ce qui en éloigne, effacer tout ce qui la désigne, cacher l'infamie sous l'équivoque, et remplacer pour cela la Maison de tolérance par la Maison d'illusion, voilà, au nom même de l'État, et par l'État lui-même, le plan appliqué, et le rêve réalisé ! Toutes ces « femmes d'avocats, de médecins et d'artistes », dont parle le Rapport, et ces femmes d'employés et de fonctionnaires, ou d'une « certaine aristocratie », dont parlent les proxénètes, et celles qui viennent chez la matrone « à cause d'une note pressante », et celles qui « tiennent à passer aux yeux du monde pour irréprochables et qui demandent un peu d'argent pour leur luxe à une ignominie jusqu'où les soupçons ne descendront pas », retient-on toutes ces femmes-là au bord de l'abîme? Non, on les y pousse ! Et l'Administration, au lieu d'entourer le gouffre d'une barrière, savonne la pente qui y conduit ! Elle accueille avec faveur, pour les transformer en lois, les doléances à voix basse de l'immoralité secrète et les « cahiers » clandestins des métiers honteux. Elle procède à l'affranchissement des parias du vice comme on a procédé à celui des parias de la scène, et murmure déjà à l'oreille de toute femme, en attendant le jour où elle le proclamera par affiches :

— La prostitution est un droit !... Entre donc dans cette maison, et prostitue-toi... Si tu es libre, tu peux légitimement faire de toi-même tout ce que tu veux. Vas-y, on ne t'en saluera pas moins, et personne n'a rien à y voir... Si tu es mariée, vas-y tout de même, nous te garderons le secret, et personne n'en saura rien... Prostitue-toi donc en toute sécurité, tranquillement, légalement, comme à Corinthe, comme à Lesbos, comme à Sodome, comme à Gomorrhe, et veille, seulement, dans la rue, à ne pas contrevenir aux règlements du trottoir... La morale n'existe plus, mais il y a encore la voirie. .

Une scène extraordinaire avait lieu, il y a quelques mois, à la Préfecture de police. On avait convoqué, dans une assemblée générale, avec ordre d'apporter leurs « livres », toutes les patronnes des maisons de rendez-vous — plus d'une centaine — et lorsque toutes s'étaient trouvées réunies, chacune avec ses registres, on leur avait annoncé la grande nouvelle : « Les livres étaient supprimés »... Plus de livres ! Ils étaient indiscrets, et pouvaient compromettre des réputations, gêner des parents ou des maris, troubler le commerce, empêcher les *affaires*... Plus de livres ! C'était l'avis de tous les penseurs, de tous les bons esprits, de tous les bons citoyens et le vœu même du Rapport Turot... Plus de livres ! On allait les détruire tous solennellement... Et toutes les proxénètes remettaient leurs livres, de grands et gros cahiers cartonnés où chaque femme avait sa page, et où des multitudes de noms, d'âges, d'adresses, d'états civils, de positions sociales ou de professions, de photographies et de certificats de médecins, défilaient dans des multitudes de cases. Puis, pendant que les matrones, dont les physionomies ne devaient pas manquer de relief, éprouvaient sans doute un peu de cette émotion qui secoua la Constituante pendant la fameuse Nuit du 4 Août, des employés passaient, prenaient les registres, les emportaient dans leurs bras, et allaient les jeter au pilon. Au pilon, les « femmes d'avocats ! » Au pilon les « femmes de médecins! » Au pilon les « femmes d'artistes ! » Au pilon les « femmes d'employés ! » Au pilon la « femme du consul !.. » C'était fini. La dernière formalité était supprimée, et la dernière honte n'avait plus rien de honteux. Désormais, pour soutenir son ménage, s'accorder à soi-même un petit supplément de toilette, ou selon l'expression même du Rapport Turot, « s'aider à sortir d'une gêne momentanée », toutes les femmes allaient toujours pouvoir, sans crainte comme sans scrupule, passer une heure discrète et lucrative !

Quelque chose, cependant, avait peut-être manqué à cette séance historique...

En 1904, à l'Exposition internationale d'Hygiène de Paris, le Jury décernait une médaille d'or à une poudre intitulée : *la Félicité complète* (1), avec prospectus portant cette épigraphe : *Honni soit qui mal y*

---

(1) Le véritable intitulé du produit pharmaceutique couronné, que je ne peux pas décemment donner tel qu'il est, n'est pas exactement la *Félicité complète*, mais il est aussi ouvertement et lyriquement libertin. Le jury de l'Exposition Internationale d'hygiène de 1904 se composait de MM. Gerville-Réache, député, président ; Chauvet, sénateur, vice-président ; Jomot, sénateur ; Dubois, député ; le Président du Conseil général de la Seine ; le Président du Conseil municipal de Paris ; Mesureur ; Messimy, député ; Rivet, sénateur, etc...

pense. On lisait ensuite cette question et cette réponse : *A quels maux devons-nous les plus grands tracas de notre existence ? — A la peur de l'enfant...* Après quoi, dans un appel lyrique à tous les voluptueux de profession, on expliquait par le menu cette *Félicité complète,* et c'était, tout simplement, la fin du monde dans le bonheur, garantie à tous pour trente sous ! Puis, de véritables litanies, les litanies de la *Félicité complète,* couronnaient cet extraordinaire boniment... *La Félicité complète* « pouvait s'employer aussi souvent qu'on le voulait » ! *La Félicité complète* « dégageait une odeur agréable » ! *La Félicité complète* pouvait « s'emporter partout » ! Et c'était à cela — *Plus d'enfants* — *Honni soit qui mal y pense* — qu'un Jury officiel, délibérant officiellement, avait décerné la médaille d'or...

Comment n'a-t-on pas lu ce prospectus-là

à la destruction des livres ? Une véritable lueur d'aube — l'aube du dernier jour d'une race et d'un pays — en aurait fait briller les figures des matrones..

FIN

TABLE

Avant-Propos   v
Chapitre I. — Comment j'ai fait cette enquête.   1
  —   II. — La Prostitution légitime   23
  — III. — Une excursion dans la Corinthe
             actuelle   49
  — IV. — Suite de l'excursion.   83
  —   V. — Suite de l'excursion. 135
  — VI. — Fin de l'excursion 195
  — VII. — Sous le feu du ciel. 241

Tours, Imp. Arrault et Cie, 6-8-06

www.ingramcontent.com/pod-product-compliance
Lightning Source LLC
Chambersburg PA
CBHW070749170426
43200CB00007B/707